Curso para Matrimonios

Manual del invitado

videos de Niki y Sila Lee

Publicado en Norteamérica por Alpha North America, 1635 Emerson Lane, Naperville, IL 60540

© 2016 Alpha International, HTB, Brompton Road, London, SW7 1JA, Reino Unido: publications@alpha.org

El Curso para Matrimonios: Manual del invitado

Primera edición en 2009 por Alpha North America.

Edición revisada en 2015

Impreso en Estados Unidos de América.

Ilustraciones por Katy Harvey.

ISBN 978-1-938328-74-9

1 2 3 4 5 6 7 8 9 10 Impreso / Año 19 18 17 16

Índice

Agradecimientos

Nuestros sinceros agradecimientos a las siguientes personas y organizaciones por su ayuda e inspiración en la creación del Curso para Matrimonios:

A David y Teresa Ferguson, de los Ministerios de Vida íntima, quienes con su experiencia y ánimo nos han ayudado mucho, en especial con las sesiones 1 y 4. Para más información acerca de su trabajo, contáctalos en: Intimate Life Ministries, P.O. Box 201808, Austin, TX 78720-1808 (EE. UU.) o visita: www.greatcommandment.net

A Rob Parsons, por su inspiración, historias e ilustraciones, las cuales utilizamos a lo largo de todo el curso. Para más información acerca de su trabajo, por favor visita www.careforthefamily.org.uk

A Gary Chapman, por su libro "Los Cinco Lenguajes del Amor" (Northfield, 1992), cuyos conceptos y notas para el manual son la base de la sesión 7.

A la Fundación Cristiana Acorn, por su explicación de cómo escuchar eficazmente, la cual inspiró el modelo de la sesión 2. Para más información acerca de su trabajo, por favor visita: www.acornchristian.org.

Finalmente, a Michael y Gillie Warren, por haber liderado el primer fin de semana para matrimonios, donde aprendimos varios de los principios básicos para construir un matrimonio sano.

Nicky y Sila Lee

Este manual ha sido diseñado para utilizarse en el Curso para matrimonios con los DVD o en charlas en vivo. Para mayor información, dirígete a la página 131 para saber cómo organizar un curso o ser parte de uno.

Establecer cimientos sólidos

¿Qué es el matrimonio?

- El matrimonio involucra la unión de un hombre con una mujer para convertirse en uno solo.
- Una relación donde la intimidad y la interdependencia son crecientes.

"Por eso el hombre deja a su padre y a su madre, y se une a su mujer, y los dos se funden en un solo ser".

Génesis 2:24

Las cuatro estaciones del matrimonio

(No todos los matrimonios pasarán por cada una de las etapas, pero los principios son aplicables a todos los matrimonios).

1. Primavera
- Primeros años de matrimonio.
- Es una etapa de descubrimiento y emoción.
- El enamoramiento inicial pasará en algún momento de esta etapa.
- La mayor necesidad es aceptarse mutuamente.

2. Verano

- Etapa donde aumentan las actividades y las exigencias.
- Pueden convertirse en padres durante esta etapa.
- Pueden enfrentar problemas de infertilidad.
- Sus profesiones pueden ser más exigentes.
- La mayor necesidad es brindar tiempo de calidad a su relación matrimonial.

3. Otoño

- Etapa de madurez y riqueza, donde se cosechan los beneficios de lo que se ha realizado.
- Un matrimonio más estable, que ha resistido los tiempos difíciles.
- Puede haber adolescentes en el hogar. Emocionalmente, es la etapa más agotadora, de ser padres.
- La necesidad más importante es apoyarse y animarse el uno al otro.

4. Invierno

- Para muchos, es la etapa del síndrome del nido vacío.
- Posiblemente hay menos exigencias con la oportunidad de pasar más tiempo juntos.
- Puede ser la etapa más emocionante del matrimonio.
- Las mayores necesidades son tener intereses en común y una buena comunicación.

¿Por qué se terminan los matrimonios?

- Por un proceso de creciente separación
- Por falta de comunicación
- Consumismo - la falta de trabajar por la relación.

Matrimonio:
La relación humana más cercana posible a una interdependencia creciente.

Notas

Trabajando las presiones

Reflexionen acerca de lo que han escuchado hasta ahora. Conversen acerca de las presiones que han tenido hasta hoy en su matrimonio y, de aquellas que están enfrentando actualmente.

El objetivo del Curso para Matrimonios

Ayudar a las parejas a que se acerquen más a través de:

- Escoger comprometerse con su pareja y su matrimonio.
- Pasar tiempo juntos analizando temas importantes.
- Incrementar el entenderse mutuamente.
- Desarrollar buenos hábitos.

La rueda del matrimonio

"El amor y la verdad se encontrarán..."

Salmos 85:10

EJERCICIO 3

Evaluando tu matrimonio

Lee la lista de enunciados que se presentan a continuación, y utilizando la escala de abajo, escribe en la casilla el número que consideras corresponde a tu punto de vista. Por favor, realiza el ejercicio por tu cuenta. Cuando hayas terminado, pasa a la siguiente página.

0. nunca es verdad   1. rara vez es verdad   2. ocasionalmente es verdad   3. usualmente es verdad   4. siempre es verdad

(Notas manuscritas al margen izquierdo: 0 - nunca es verdad / 1 - rara vez es verdad / 2 - ocasionalmente / 3 - usualmente / 4 - siempre)

Yo siento que. . .

1. Con regularidad, mi cónyuge me presta una completa atención. `2`

2. Mi cónyuge entiende y apoya mis creencias y valores. `4`

3. Mi cónyuge me demuestra su afecto, a través del contacto no sexual. `3`

4. Somos capaces de disculparnos y perdonarnos, cuando uno de nosotros ha herido al otro. `3`

5. Mi cónyuge escucha mi punto de vista, incluso cuando no está de acuerdo. `2`

6. Puedo hablar con mi cónyuge de mis esperanzas y deseos sexuales. `4`

7. Puedo hablar con mi cónyuge acerca de mis sueños y deseos para el futuro. `4`

8. Mi cónyuge sabe animarme en lo que hago. `2`

9. Es una prioridad para nosotros salir juntos, por lo menos una vez cada dos semanas. `0`

10. Con frecuencia reflexionamos sobre las cosas buenas que disfrutamos como pareja. `4`

11. Podemos hablar acerca de emociones fuertes tales como excitación, esperanza, pena y ansiedad. `3`

12. Mi cónyuge es sensible hacia mis necesidades sexuales. `4`

13. Mi cónyuge me anima en mi crecimiento espiritual. `3`

14. Mi cónyuge sabe satisfacer mis necesidades emocionales. `2`

15. Estamos de acuerdo en nuestras prácticas sexuales. `0`

16. Discutimos nuevas ideas mutuamente. `3`

17. Nos apoyamos mutuamente en las metas que tenemos para nuestra vida familiar. `3`

18. Tenemos varios intereses comunes que realizamos juntos. `3`

19. Soy feliz con la frecuencia con que hacemos el amor. `4`

20. Mi cónyuge sabe escuchar acerca de mis sentimientos, sin interrumpirme ni criticarme. `4`

Ejercicio 3 (continuación)

Resultados de "Evaluando tu matrimonio"

1. Pasa la puntuación total obtenida en A, B, C y D en la página anterior

Añade tu puntuación para las afirmaciones sobre	Mi puntuación	Puntuación de mi cónyuge
Nuestra amistad (4, 8, 9, 14, 18)	10	17
Nuestra comunicación (1, 5, 11, 16, 20)	14	14
Nuestra relación física (3, 6, 12, 15, 19)	15	17
Nuestro futuro juntos (2, 7, 10, 13, 17)	16	14

2. Ahora revisen la puntuación de cada uno y discutan sobre ella, especialmente las diferencias. (La idea es que logren entenderse mejor).

3. Consideren qué podrían hacer a nivel personal para incrementar su puntuación en cada aspecto. Pónganlo por esccrito.

Por ejemplo:
Nuestra amistad:
"Reconozco nuestra necesidad de pasar tiempo juntos a solas".

Nuestra comunicación:
"Obviamente necesito mostrarte que me interesa lo que dices".

Nuestra relación física:
"Quisiera ser más sensible hacia tus deseos sexuales".

Nuestro futuro juntos:
"Me gustaría hallar un buen tiempo para nosotros y conversar sobre nuestros planes para el futuro".

Cuando hayan concuido, compartan entre ustedes lo que escribieron.

① Creo que es muy importante que saquemos tiempo para tener citas nosotros solos.
② Necesito entender más sobre temas que no proceso bien, como la depresión.
③ Quisiera mejorar la frecuencia en la que tenemos contacto sexual.

Establecer las bases para un matrimonio sólido

1. Tener tiempo para el otro

Si la relación matrimonial está hecha para prosperar y continuar creciendo, debemos disfrutar de un tiempo juntos regularmente.

Por lo menos, planeen pasar una o dos horas juntos cada semana, para reavivar el romance, divertirse o conversar acerca de sus sentimientos, por ejemplo sobre sus esperanzas, miedos, emociones. Esto lo llamamos **tiempo de pareja**.

El tiempo de pareja debe tener todas las connotaciones de una "cita" juntos.

Beneficios del tiempo de pareja

- Mantiene la diversión y el romance vivos en nuestra relación.
- Profundiza nuestro entendimiento y aprecio por el otro.
- Asegura que, con frecuencia, nos estamos comunicando a un nivel significativo.

Notas

> **Regla de oro:**
> *Nunca cambien su tiempo de pareja sin consultar a su cónyuge.*

Cómo lograr que tengamos el tiempo de pareja

1. Planeen el tiempo juntos
Planear este tiempo no sucede de manera automática. Busquen el mejor momento para ustedes y resérvenlo, así como harían con cualquier otro evento social o cita de negocios. Inclúyanla en sus agendas por ejemplo: lunes en la tarde, "tiempo de pareja" o, miércoles al almuerzo "tiempo de pareja". Si su agenda está muy ocupada, planéenlo con varios meses de antelación.

2. Prioricen el tiempo de pareja
Hagan de su tiempo de pareja un compromiso semanal que no se cancela, debe tener prioridad sobre otras situaciones como el trabajo, salir con los amigos, hacer deporte e, incluso, la paternidad.

3. Protejan su tiempo de pareja
Protejan este tiempo de interrupciones y distracciones, como el teléfono, el computador, los visitantes, la televisión y las largas jornadas de trabajo.

> *"Darle prioridad a nuestro tiempo de pareja es una situación difícil con la que luchamos permanentemente, pero es la más importante en términos de cómo impacta nuestra relación".*
>
> **Pareja en "El Curso para Matrimonios"**

Ejercicio 4

Momentos especiales que pasaron juntos

Dile a tu cónyuge cuáles han sido los momentos más especiales que han compartido juntos como pareja. Sé específico. Explica por qué fueron especiales para ti.

- cuando nos encontramos en san jua
- " Nació Ezequiel
-

"Luego Dios el Señor dijo: "No es bueno que el hombre esté solo. Voy a hacerle una ayuda adecuada".

Génesis 2:18

2. Cuidarse mutuamente

- Cuidarse implica buscar satisfacer las necesidades emocionales del otro, como demostrar afecto, animar, apoyar, consolar, etc.
- Todos tenemos el anhelo de ser amados y ser conocidos por otra persona.
- Hay un espacio vacío en nuestro interior que necesita llenarse con amor.
- Cuando sentimos ese vacío, nos sentimos solos.
- El apoyo emocional que damos a nuestra pareja, vuelve y llena ese espacio vacío.
- Estamos hechos para tener relaciones cercanas.

¿Cómo cuidarnos?

Ser proactivo más que reactivo:
- Ser reactivo significa enfocarnos en los defectos del otro.
- Ser proactivo significa enfocarnos en las necesidad del otro.
- Un comportamiento proactivo mantiene a las parejas juntas porque cada uno se siente amado; si nos sentimos amados, sentimos que queremos amar.

Estudiarse mutuamente:
- Reconoce las necesidades del otro
- Con frecuencia, las necesidades y deseos de nuestro cónyuge son diferentes a las nuestras.
- Descubrir lo que le importa a nuestro cónyuge. Si no lo hacemos, tendemos a dar lo que nos gusta recibir.
- Las necesidades cambian con el paso del tiempo.
- Hacer peticiones, no exigencias.
- No asumir que nuestro cónyuge sabe automáticamente nuestros deseos. Debemos compartirlos con él.

"Y vosotros, maridos, igualmente, convivid de manera comprensiva con vuestras mujeres..."

1 Pedro 3:7 (LBLA)

EJERCICIO 5

"Conociéndome, conociéndote"

Por favor lee la lista en la página siguiente:

1. En la columna A, escoge las tres cosas que más te importan a ti, por ejemplo, lo que más te gustaría que te regalara tu cónyuge".

2. En la columna B, escoge las tres cosas que tú crees que le importan más a tu cónyuge (p. ej. lo que tú crees que más le gustaría recibir de ti)
   Nota: Hay cierta coincidencia entre los diferentes deseos, coloca los tres que más claramente expresen tus preferencias.

3. Cuando ambos hayan terminado, intercambien y miren qué tanto comprenden a su cónyuge:
   - ¿Qué tan cerca estuviste de seleccionar los tres que más le importan a tu cónyuge?
   - ¿En cuántos deseos coincidieron los dos?
   - ¿0, 1, 2, 3?
   - Piensa cual de los deseos, si hay alguno, tiendes a dar menos a tu cónyuge.
   - ¿Es alguno de ellos, uno de los tres más importantes para tu cónyuge?

EJERCICIO 5 (continuación)	A	B
	Yo (escoge 3)	**Mi cónyuge** (escoge 3)
Afirmación - ser apreciado por tu cónyuge por ser quien eres.	☐	☐
Aprobación - ser elogiado por las cosas que has hecho bien.	☐	☑
Compañerismo - hacer cosas juntos y compartir las experiencias.	☑	☐
Conversación - hablar sobre temas de interés e importantes.	☑	☐
Ánimo - ser inspirado para seguir adelante a través de las palabras de tu cónyuge.	☑	☐
Apertura - tener confianza en la honestidad de tu cónyuge acerca de cada aspecto de su vida, incluyendo sus sentimientos e ideas.	☐	☐
Afecto físico - la comunicación de cariño e intimidad a través del contacto físico.	☐	☑
Ayuda práctica - experimentar la ayuda de tu cónyuge en tareas grandes o pequeñas.	☐	☐
Regalos - recibir expresiones tangibles de amor y consideración.	☐	☐
Respeto - tus ideas y opiniones son valoradas y consideradas por tu cónyuge.	☐	☐
Seguridad - enfrentar el futuro con la confianza del compromiso de tu cónyuge de amarte y permanecer contigo.	☐	☐
Intimidad sexual - tener oportunidades frecuentes para expresar y recibir amor a través de las relaciones sexuales.	☐	☑
Apoyo - saber que tu cónyuge trabaja contigo para que logres tus metas.	☐	☐
Tiempo juntos - saber que tu cónyuge ha separado un tiempo regular para estar contigo.	☑	☐
Comprensión - saber que tu cónyuge está atento de lo que es importante para ti.	☐	☐
Atención total - concentrarse el uno en el otro evitando cualquier distracción.	☐	☐

Tiempo de pareja

Sesión 1 – Tarea

Separen un tiempo de pareja de dos horas, en algún momento antes de la próxima sesión, para realizar los siguientes ejercicios.

EJERCICIO 1

Planeando el éxito

Cada uno escriba las respuestas a las siguientes preguntas. Cuando ambos hayan terminado, compartan lo que escribieron y discutan sus respuestas.

A. Tiempo juntos

1. ¿Cuánto tiempo separan para estar solos y construir su matrimonio?

¿diariamente? _____ *ahora* 0 _____ *futuro* 9:00 – 10:00 PM

¿semanalmente? _____ 0

¿anualmente? _____ 1 o 2 veces

Pasa a la siguiente página →

EJERCICIO 1 (continuación)

2. ¿Regularmente, cuánto tiempo podrían pasar juntos y cuándo?

- ¿diariamente?
  p. ej. 20 minutos para conversar cuando llegamos a casa en la tarde o, 10 minutos en la mañana para planear el día.

  1 hora antes de acostarnos 9:00 - 10:00

- ¿semanalmente?
  p. ej. saldremos cada viernes en la noche o el lunes en la tarde tendremos un tiempo para conversar después de la cena.

  2 horas para una cita semanal

- ¿anualmente?
  p. ej. salir un fin de semana solos o, tener una mini luna de miel anual.

  unas vacaciones locales, una vez al año

B. Intereses compartidos

1. ¿Qué intereses tienen en común?
   (Piensen en las cosas que hicieron al salir juntos por primera vez)
   p. ej. visitar museos, practicar deportes, explorar nuevos lugares, ir al cine o al teatro.

   - Museos   - NYC   - viajar a nuevas ciudades
   - symphonia   - teatro
   - cine   - ballet

EJERCICIO 1 (continuación)

2. ¿Cuál de estos intereses realizan como pareja ahora?
   ¿Con qué regularidad?
   ¿Cuánto tiempo destinan para ello?
   p. ej. jugar tenis, una vez cada dos semanas, dos horas.

   ninguno

3. ¿Hay otros intereses comunes de los que, ustedes como pareja, se
   beneficiarían hoy en día?

   natacion

   ejercisios

   nutricion

C. Intereses diferentes

1. ¿Qué intereses animas que realice tu cónyuge y que tú no
   compartes?

   deportes ; baseball

2. ¿Qué intereses tienes tú, que tu cónyuge no comparte?

   ver documentales, viajar

Pasa a la siguiente página

EJERCICIO 1 (continuación)

3. ¿Hay otros intereses que tú o tu cónyuge quisieran compartir?

Tú:

Tu cónyuge:

D. Vacaciones anuales
1. ¿Cuáles han sido las mejores vacaciones juntos y por qué?

Viajar a Quebec, porque fuimos a un lugar nuevo y diferente.

2. Sugiere una idea para vacaciones o tiempo libre juntos en el futuro.

• me gustaría que viajaramos a España - Francia - Italia - Amsterdam para nuestro 10th anniversario

• visitar las islas de Nantucket, Martha's Vineyard, Nova Escocia y Halifax

EJERCICIO 2

Demostrando amor

1. Escribe los tres deseos que recuerdas son los más importantes para tu cónyuge en el ejercicio "Conociéndome, conociéndote" de la página 14.

1. _compartir tiempos juntos_
2. _ser abierto sobre sentimientos_
3.

Ahora escribe tus tres deseos principales y da ejemplos de cómo tu cónyuge puede satisfacerlos para ti.

Por ejemplo:

Mis deseos	*¿Cómo puede mi cónyuge satisfacerlos?*
Conversación	*Cuando estemos cenando, inicia la conversación haciéndome preguntas acerca de mi día.*
Aprobación	*Dime cuando haya hecho algo bueno en la casa o en el trabajo. Demuéstrame que te has dado cuenta que he hecho un esfuerzo.*
Tiempo juntos • _planear_ ▸ _averiguar_ • _sorpresa_	*Toma la iniciativa y sugiere que salgamos juntos. Siéntate a mi lado, todas las noches, durante 30 minutos y conversemos acerca de nuestro día.*
Afecto físico	*Abrázame y bésame cuando nos veamos después de varios días de estar separados. Abrázame en la cama antes de ir a dormir.*
Regalos	*Dame un regalo cuando menos lo espere.*

Pasa a la siguiente página →

EJERCICIO 2 (continuación)

Mis deseos	**¿Cómo puede mi cónyuge satisfacerlos?**

1. Conversación _____ sacar tiempo para tener

   atención completa _____ 20 minutos de conversación

   _____ sin tv, cell o computadora

2. ánimo _____ mostrar interes por mis

   _____ estudios, por los creditos o

   _____ Notas que saco, mi trabajo

3. Tiempo juntos _____ o mi busqueda de trabajo

   _____ - averiguar sobre un lugar

   _____ donde me puedes llevar de

sorpresa, planeanlo todo.

- Muestra a tu cónyuge lo que escribiste.
- En las próximas semanas, trata de concentrarte en cumplir los deseos de tu cónyuge más que en criticarlo por no satisfacer los tuyos.

Efesios 5

El Arte de la Comunicación

El Arte de la Comunicación

Introducción

- La intimidad requiere de una comunicación efectiva.
- Todos tenemos el anhelo de que nos conozcan.
- El Curso para Matrimonios ha sido diseñado para ayudar a las parejas a comunicarse mejor durante y entre las sesiones.

Comunicación efectiva

- La comunicación involucra un mensaje, un emisor y un receptor.
- Construir intimidad en el matrimonio implica escuchar las experiencias de cada uno, sus pensamientos, sentimientos y deseos.

La importancia de hablar

- Decirle al otro acerca de nuestros sentimientos y pensamientos.
- Algunos pueden haber aprendido durante su infancia, a esconder sus sentimientos.
- Volver a aprender cómo hablar acerca de nuestros sentimientos, requiere coraje y práctica.
- Algunas personas tienen dificultad para reconocer lo que sienten (si esto te describe, por favor lee el ejercicio opcional "Identificando emociones" en la página 32).

EJERCICIO 1

Barreras para hablar

Durante unos minutos lean juntos el diagrama que se presenta a continuación, y comenten si alguna de esas barreras aplica para ustedes.

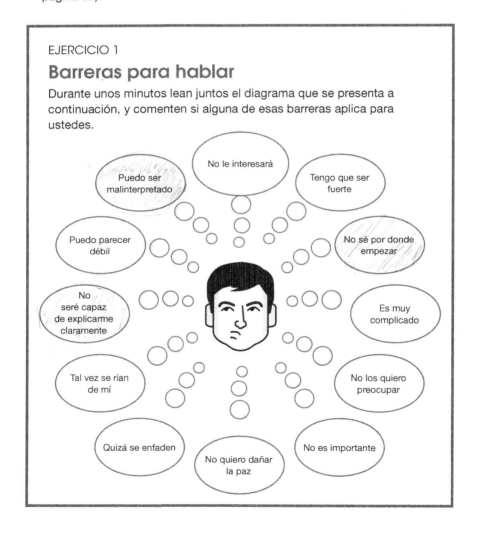

La importancia de escuchar

- Podemos ser altamente selectivos al escuchar.
- La mayoría de las personas damos por hecho el escuchar, sin embargo, es posible cerrar nuestros oídos.
- Escuchar tiene el poder de hacer que nuestro cónyuge se sienta amado y valorado.
- Es una de las habilidades más importantes que debemos aprender para tener un matrimonio sólido.
- La Biblia le brinda un gran valor a escuchar efectivamente.

"Mis queridos hermanos, tengan presente esto: Todos deben estar listos para escuchar, y ser lentos para hablar y para enojarse".

Santiago 1:19

EJERCICIO 2

El poder de escuchar

Discute las siguientes preguntas con tu cónyuge:

- ¿Cómo te sientes cuando te escuchan? *amada y respetada*
- ¿Cómo te sientes cuando no te escuchan? *ignorada*
- ¿A quién acudirías si necesitas alguien que te escuche?
- ¿Qué características tiene esa persona que sabe escuchar? *receptiva y atenta*

Stephen Covey escribió: "Si tuviera que resumir en una frase, el principio más importante y sencillo que he aprendido en el campo de las relaciones interpersonales, sería este: primero entiende, luego buscar ser entendido".

"Es necio y vergonzoso, responder antes de escuchar".

Proverbios 18:13

Obstáculos para escuchar

1. Filtros
- Todos escuchamos a través de filtros pero con frecuencia no nos damos cuenta de ellos.
- Cuando alguien está hablando, nuestros recuerdos, actitudes, prejuicios, el ambiente físico, la falta de interés, etc, afectan lo que escuchamos.
- La mayor parte del tiempo estamos escuchándonos a nosotros mismos, más que a la otra persona.
- Una comunicación efectiva requiere que nosotros controlemos la conversación en nuestra mente.

2. Malos hábitos
- Tranquilizar
- Dar consejos
- Racionalizar
- Salirse por la tangente
- Interrumpir

- Estos hábitos pueden hacer que quien habla no exprese sus sentimientos y, que eventualmente, se calle.
- Primero, necesitamos escuchar antes de dar nuestra opinión.

Notas

Identificando malos hábitos

Toma unos minutos para identificar tus malos hábitos propios y, luego discútelo con tu cónyuge.

Un recuerdo significativo

- Por turnos, toma un minuto para decirle a tu cónyuge acerca de un recuerdo feliz de algo que te haya sucedido antes de conocerle.

- Después, quien haya estado escuchando deberá hacer un resumen de lo que le dijo su cónyuge, teniendo especial cuidado en describir los sentimientos que tuvo. Esto demostrará que lo ha escuchado y ha generado empatía, con lo que su cónyuge sintió.

Notas

Principios para escuchar eficazmente

Para algunas personas, aprender a escuchar es tan difícil como aprender un nuevo idioma, pero debemos hacerlo así, para poder construir intimidad en nuestro matrimonio y acercarnos más a nuestro cónyuge.

1. Pon atención y no interrumpas

Permite a tu cónyuge terminar de decir sus ideas. Las investigaciones indican que el individuo promedio sólo escucha durante 17 segundos antes de interrumpir. Mantén siempre el contacto visual y no hagas nada más, al mismo tiempo.

2. Ponte en los zapatos de tu cónyuge

Deja de lado tus puntos de vista y trata de entender cómo se siente realmente tu cónyuge. No lo presiones y no tengas miedo de los silencios.

3. Reconoce sus sentimientos

Cuando hayas escuchado lo que dijo tu cónyuge, reflexiona acerca de lo que escuchaste sin desviarte ni interpretar. Es importante tratar de hacer un resumen preciso de los principales hechos, analizando los sentimientos que ha expresado. Esto ayudará a tu cónyuge a saber si se ha hecho entender. "Reflexionar" puede ser incómodo, pero ¡funciona!.

Dietrich Bonhoeffer dijo: "El primer servicio que uno debe a los otros, en el compañerismo, es escucharlos. Así como el amor de Dios comienza escuchando su Palabra, así el principio del amor por los hermanos se aprende escuchándolos a ellos".

Notas

4. Averigua qué es lo más importante

Luego pregunta a tu cónyuge, "¿qué es lo más importante de lo que acabas de decirme?", espera en silencio mientras que piensa en su respuesta. Cuando haya terminado, reflexiona de nuevo acerca de lo que acabas de escuchar.

5. Ayúdale a resolver lo que podría hacer

Ahora pregunta: *"¿Hay algo que quisieras hacer acerca de lo que has dicho?"*. Si es apropiado, di *¿quieres que yo haga o que hagamos algo al respecto?*. De nuevo, dale un tiempo a tu cónyuge para pensar en silencio. Cuando haya terminado, de nuevo medita sobre lo que acabas de escuchar, permitiendo que oiga su propia decisión. El que escucha, pregunta *"¿Hay algo más que quieras decirme?"*. De ser así, quien habla deberá reflexionar sobre ello.

No hay nadie más importante a quien escuchar, que nuestro cónyuge.

EJERCICIO 5

Escuchar eficazmente

Cada uno de los cónyuges escoja un tema que le esté molestando y del cual no hayan discutido con anterioridad. En este punto, escojan un tema en el cual no haya habido desacuerdos ni conflictos. Puede ser un área relacionada con el trabajo, las vacaciones, los hijos, la casa, etc.

- El que habla debe sujetar una servilleta o algo similar. Esto es para recordar de quién es el tema sobre el que se está discutiendo.
- El que habla, le dice al que escucha el tema cómo se siente respecto a él. Quien escucha, lo hará con calma y reflexionará sobre ello.
- Luego quien escucha preguntará *"¿Cuál es el aspecto más importante de lo que estás diciendo?"* y quien habla responderá. El que escucha lo hará con calma y reflexionará de nuevo.
- El que escucha preguntará *"¿Hay algo que quisieras hacer, quieres que yo haga o que hagamos, sobre lo que has dicho?"*. De nuevo, quien escucha lo hará con calma y reflexionará al respecto.
- Finalmente, el que escucha pregunta: *"¿Hay algo más que quisieras decir"?*

Luego cambien de roles, así ambos tendrán la oportunidad de conversar y escuchar. Este ejercicio es una buena práctica para todos nosotros, para poder conversar sobre nuestras emociones y escucharnos mutuamente.

Tiempo de pareja
Sesión 2 – Tarea

Cada uno de ustedes debe completar el ejercicio que se presenta a continuación, "¿Cómo es su comunicación?". Comparen lo que escribieron.

Luego, escojan un tema de su matrimonio que no hayan discutido a fondo, y con su cónyuge sigan los pasos del ejercicio 5, "Escuchar eficazmente" (Página 29). Por favor asegúrense de que ambos están listos para realizar este ejercicio y que desean cumplir con los diferentes pasos.

Sigan las instrucciones para quien escucha y quien habla, mientras trabajan el tema de cada uno. Algunos pueden experimentar una reacción emocional muy fuerte, respecto a lo que dice su cónyuge, traten de dejarla a un lado, para poder continuar escuchando y reflexionando sobre lo que siente su cónyuge.

EJERCICIO 1
¿Cuán buena es su comunicación?

1. Las áreas de nuestra relación en las cuales siento que nos comunicamos eficazmente. Por ejemplo, "cada uno es capaz de expresar su punto de vista y nos entendemos mutuamente".

_____

_____

_____

Pasa a la siguiente página →

EJERCICIO 1 (continuación)

2. Las áreas de nuestra relación donde nos comunicamos, pero no lo suficiente. Por ejemplo, "Yo siento que hay espacio suficiente para mejorar."

---

3. Las áreas de nuestra relación en las cuales no nos comunicamos, debido a la negación, la vergüenza o el miedo.

Temas sugeridos para considerar:

- Manejo de los niños
- Asuntos financieros
- Objetivos y dirección en la vida
- Relaciones sexuales - frecuencia o calidad
- Planificación familiar - cuántos hijos tener
- Tareas de la casa
- Parientes y familia política
- Muerte y duelo
- Trabajo o desarrollo profesional / tiempo en la oficina
- Participación en la iglesia
- Expresión de afecto y emociones
- Relajación y descanso

EJERCICIO 2

Identificar emociones

- Este ejercicio sirve para ayudar a quienes luchan por identificar lo que están sintiendo.
- Completar las frases inconclusas de las siguientes páginas, les ayudará a identificar sus emociones y estar más conscientes emocionalmente de ellas.

1. A las listas que tienes a continuación, agrega unas pocas palabras para describir tus sentimientos, ya sean positivos o negativos.

Emociones positivas

aceptado	confiado	feliz	tranquilo
agradecido	consolado	humilde	útil
alegre	contento	liberado	valioso
aliviado	deleitado	libre	
amado	despreocupado	perdonado	
animado	emocionado	positivo	
apoyado	entendido	relajado	
apreciado	esperanzado	respetado	
capaz	estable	seguro	

Emociones negativas:

abandonado	culpable	inseguro	rechazado
abrumado	débil	insatisfecho	solo
aburrido	decepcionado	insignificante	temeroso
acomplejado	deprimido	inútil	triste
afligido	desprotegido	irrespetado	utilizado
ansioso	disgustado	irritado	vencido
apenado	enojado	nervioso	vulnerable
asustado	frustrado	no amado	
avergonzado	herido	ofendido	
celoso	humillado	paralizado	
confundido	incomprendido	presionado	
contrariado	indignado	poco apreciado	

EJERCICIO 2 (continuación)

Cuando vamos de vacaciones me siento...

_____

Cuando salimos con nuestros amigos, me siento...

_____

Cuando estoy en un salón con personas que no conozco, me siento...

_____

Cuando estoy con mis padres, me siento...

_____

Cuando pienso en situaciones del pasado, me siento...

_____

Cuando pienso en los errores que he cometido, me siento...

_____

Cuando pienso en el futuro, me siento...

_____

Cuando pienso en mi relación con Dios, me siento...

_____

Cuando mi cónyuge me dice que me ama, me siento...

_____

Cuando tengo un disgusto con mi cónyuge, me siento...

_____

EJERCICIO 2 (continuación)

Cuando mi cónyuge me dice que hice algo que lo ha disgustado o herido, me siento...

_____

Cuando mi cónyuge se disculpa conmigo, me siento...

_____

2. Completa las siguientes frases:

Me siento amado cuando...

_____

Me enojo cuando...

_____

Me siento muy feliz cuando...

_____

Estoy triste cuando...

_____

Ahora muestra tus respuestas a tu cónyuge.

3. Comenta con tu cónyuge acerca de un momento en el cual te sentiste:

- animado
- desanimado
- comprendido
- incomprendido
- aceptado
- rechazado

Pasa a la siguiente página →

Resolución de conflictos

RECUERDA

El objetivo del Curso para Matrimonios es establecer patrones de relación que ayuden a las parejas a acercarse y mantener sus matrimonios creciendo durante toda la vida.

Construyendo cimientos sólidos

- Haz que el tiempo de pareja semanal sea una prioridad en tu agenda.
- Descubre y busca satisfacer las necesidades de tu cónyuge (ver "Conociéndome, conociéndote", página 14).

El arte de la comunicación

- Esta semana conversa con tu cónyuge sobre tus sentimientos
- Escucha a tu cónyuge hablar de sus sentimientos sin interrumpir, criticar ni aconsejar.

Resolviendo Conflictos

Introducción

¿Por qué es inevitable el conflicto en el matrimonio?

- Somos diferentes - tenemos diferentes orígenes, prioridades, deseos, personalidades, opiniones.
- No es bueno forzar a nuestro cónyuge a hacer las cosas a nuestra manera.
- Debemos sentir que estamos siempre del mismo lado con nuestro cónyuge (carrera de tres pies).
- Somos egoístas por naturaleza.
- Tenemos que preguntarnos "¿Hay cosas que yo debo cambiar para el bien de nuestra vida familiar?"

Principios para manejar el conflicto

1. Expresar mutuamente nuestro aprecio

- Haz que tu cónyuge se sienta la persona más importante en el mundo para ti.
- Enfócate en lo que te gusta y admiras de tu cónyuge.
- Expresa tu gratitud por lo que hace.
- Muestra aprecio por quien es tu cónyuge.
- Haz de esto, una disciplina diaria.

EJERCICIO 1

Demostrando aprecio

Escribe seis cosas que aprecias de tu cónyuge. Debes ser específico, por ejemplo, puedes agradecerle por lo que hace, o demostrarle tu aprecio por lo que es. Trata de hacer una mezcla, haciendo un énfasis especial en aquellas cosas que tal vez tú has dado por hecho.

Por ejemplo:

Me encanta la manera como te relacionas con otras personas.
Me encanta cómo me demuestras tu afecto.
Gracias por trabajar tan duro para mantener nuestra familia.
Gracias por hacer de nuestro hogar, un lugar acogedor para estar.
Aprecio mucho cuando llenas el tanque de gasolina del carro.

Cuando ambos hayan terminado, intercambien lo que cada uno ha escrito.

1. Gracias por cuidar a Ezequiel mientras

2. Me encanta como te encargas trabajo y
   de cocinar y mantener la cocina. estudio

3.

4. Me gusta tu sentido de humor.

5. Me gusta cuando compartimos desayunos

6. los sabados.

Me encanta cuando me sorprendes
con alguna reparacion de la casa.
Me gusta cuando le echas gasolina
a mi guagua.

"Por tanto, acéptense mutuamente, así como Cristo los aceptó a ustedes para gloria de Dios".

Romanos 15:7

2. Identificar y aceptar las diferencias

- Debemos reconocer las diferencias de temperamento, personalidad, educación y valores.
- No debemos tratar de cambiar al otro.
- Hay que observar el matrimonio como una sociedad en la cual se combinan las fortalezas y se apoyan las debilidades de cada uno.
- Hay que mantener el sentido del humor.

Reconociendo nuestras diferencias

1. Analiza cada tema, y a lo largo de la línea, marca dónde están tus preferencias y las de tu cónyuge. (Por ejemplo N - Nicky; S - Sila)

Dinero
S ⟶ N
Gastar ⟶ Ahorrar

TEMA	PREFERENCIA	
Ropa	Casual	Formal
Desacuerdos	Discutir	Mantener la paz
Vacaciones	Buscar aventuras	Buscar descanso
Dinero	Gastar	Ahorrar
Personas	Pasar tiempo con otros	Pasar tiempo a solas
Planificación	Hacer planes y apegarse a ellos	Ser espontáneo e ir con la corriente
Puntualidad	Con tiempo de sobra	Con poco tiempo
Relajación	Salir	Quedarse en casa
Dormir	Acostarse tarde	Levantarse temprano
Deportes	Entusiasta	Desinteresado
Teléfono	Hablar mucho	Hablar poco
Orden	Mantener todo en orden y bajo control	Relajado y vivir en un desorden
Televisión	Tenerla encendida	Tirarla

Otras diferencias: _____

2. Muéstrense mutuamente lo que han escrito, luego busquen un tema donde sus diferencias puedan ser una fuente de fortaleza para su relación.

3. Aprender a negociar

Seis pasos prácticos para lograr la paz

1. Encontrar el mejor momento (regla de las diez de la noche).

2. Identificar el tema.

3. Discutir acerca del tema, en vez de atacarse mutuamente

   – evitar los clichés *(p.ej. "tú siempre..." "tú nunca..."*

   – utilizar frases en primera persona *(p. ej. "Me siento subestimado cuando...")*

   – escuchar a tu cónyuge *(permítele utilizar la servilleta cuando esté hablando, como se describió en la Sesión 2).*

4. Buscar soluciones posibles (si es necesario, hagan una lista).

5. Decidir la mejor solución y mirar si funciona.

6. Si parece que todavía existe conflicto sobre ese tema, hay que estar preparados para re-evaluarlo.

4. Crecer juntos

- No somos incompatibles a menos que nos rehusemos al cambio

- Podemos cambiar nosotros mismos, pero no podemos cambiar al otro.

- Sólo podemos cambiar si sabemos qué es lo que le importa a nuestro cónyuge.

- Debemos decirle a nuestro cónyuge lo que nos duele y nos frustra.

- Parte del conflicto se presenta por las formas en que asumimos cómo deben ser las cosas.

- Es importante estar conscientes de nuestros valores y de los de nuestro cónyuge (usualmente han sido aprendidos durante nuestra educación).

- Es bueno pedir que el otro cambie, exigirlo puede ser dañino.

"¿Por qué te fijas en la astilla que tiene tu hermano en el ojo, y no le das importancia a la viga que está en el tuyo?"

Mateo 7:3

EJERCICIO 3

Comparando nuestros pasos

Por favor dirígete a la página 44 y completa el ejercicio 3, "Comparando nuestros pasos - primera parte".

Expectativas poco realistas

Cuando esperamos que nuestro cónyuge satisfaga todas nuestras necesidades, inevitablemente fracasaremos y seremos heridos, produciendo en nuestro matrimonio una espiral descendiente (ver el Diagrama 1)

Diagrama 1

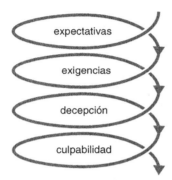

Cuando miramos hacia Dios para que satisfaga nuestras necesidades de trascendencia, seguridad y autoestima, somos más capaces para darnos mutuamente. (ver diagrama 2)

Diagrama 2

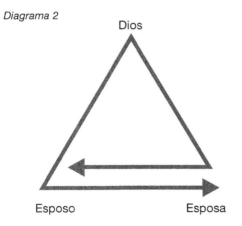

"Dios es nuestro amparo y nuestra fortaleza, nuestra ayuda segura en momentos de angustia".

Salmos 46:1

5. Orar juntos

- Nos ayuda a relacionarnos con nuestro cónyuge de una manera significativa.
- Debemos asegurarnos que las oraciones vayan en sentido vertical, no horizontal ni que sean manipuladoras.
- Cinco a diez minutos diarios son mejores que una hora cada mes.
- Preguntarnos mutuamente *"¿Por qué situación tuya quieres que ore hoy?"*.
- Acepten los mismos pedidos día tras día.
- Hay que basarnos en las promesas de Dios en la Biblia y comenzar con gratitud.
- No te des por vencido, aún si tienes niños pequeños.
- Entre más cercana sea nuestra relación individual con Dios, más cercana será nuestra relación como esposos.
- Si uno de los dos ha enojado al otro, pida disculpas antes de comenzar a orar.
- Deliberadamente incluye la oración en tu horario diario.
- Si no te sientes cómodo orando, busca otras formas de relacionarte y apoyar a tu cónyuge diariamente.

¡La cuerda de tres hilos no se rompe fácilmente!

Eclesiastés 4:12

Esto describe a una pareja de esposos siendo Dios el centro de su relación. (Para profundizar en este tema, consideren realizar Alpha. Para mayor información, por favor consulten la última página de este manual).

Notas

Apoyándose mutuamente
Pregunta a tu cónyuge si hay algún tema que le preocupe en ese momento. Luego, si te sientes cómodo orando, ora por él. De lo contrario, expresa tu apoyo de otra manera.

EJERCICIO 3

Comparando nuestros pasos - primera parte

Dinero y bienes

1. Cada uno circule la frase que mejor describa sus sentimientos y los mensajes que recibieron de su familia, acerca del dinero y los bienes, a medida que fueron creciendo.

• Economizar y ahorrar • Tener todo lo que queremos • Tener todo lo que necesitamos	• Arreglar las cosas rotas • Botar las cosas rotas	• Siempre cortos de dinero • Siempre con dinero suficiente
• Preocupado por la falta de dinero en la familia • Sin preocupaciones acerca del dinero	• Animar a compartir su dinero y sus bienes • Ahorrar lo que más se pueda	• Disfrutar las compras - vista como una actividad de ocio • Comprar estrictamente lo necesario
• Gastar dinero sólo en las cosas esenciales • Gastar dinero en artículos de lujo	• Hacer uso de las tarjetas de crédito • Evitar las tarjetas de crédito	• Gusto por recibir regalos • Gusto por dar regalos
• Tener tiempo de sobra para descansar • Los adultos siempre están trabajando	• Enseñado a ahorrar dinero • No fuiste enseñado ahorrar dinero	• Seguridad en el manejo del dinero • Confusión o miedo cuando se trata de dinero
• Se sienten autosuficientes como familia • El dinero y las facturas generan discusiones	• Las finanzas de la familia eran un misterio • Las finanzas de la familia se explicaban	• Cuando eras pequeño, tenías mesada, te enseñaron cómo manejar el dinero • Los adultos manejaban todo el dinero

Pasa a la siguiente página →

EJERCICIO 3 (continuación)

Escribe otras palabras o frases significativas, que describan tu
actitud actual hacia el dinero y los bienes.

antes pobreza

ciclo

Necesidad

ahora

• Necesidad de comprar lo necesario
• ahorrar para retiro
• pagar cuentas y no comenzar nuevos
• me gustaria poder ayudar económicamente a causas que me importan

Muestra a tu cónyuge lo que escribiste y discutan sobre las
diferencias.

2. Nuestros valores en cuanto el dinero y los bienes, es decir, qué es lo
   más importante para nosotros.

   Por ejemplo:
   1. No nos preocupamos por el dinero
   2. Honestidad
   3. Generosidad
   4. Ahorrar lo que más se pueda
   5. Apegarnos al presupuesto

   Escribe tu propia lista antes de mirar la de tu cónyuge, y de escribir
   la "lista acordada".

Mi lista	**Nuestra lista acordada**
1. retiro temprano	1.
2. cuenta educativa	2.
3. pagar casa	3.
4. comprar otra casa	4.
5. vivir por debajo de Nuestros ingresos	5.

EJERCICIO 3 (continuación)

3. Escojan un área de conflicto que tengan respecto a dinero y bienes. Cada uno escriba las que considere que pueden ser posibles soluciones. Discutan sobre ellas y luego, escriban la solución que acordaron por ahora.

Por ejemplo:

Tema	Posibles soluciones	Solución acordada por ahora
El carro está frecuente-mente averiado	• *Comprar otro carro* • *Reparar el carro apropiadamente, gastando el dinero necesario.* • *Cambiar de carro en seis meses.* • *Utilizar transporte público.* • *Buscar un mecánico diferente.* • *Cambiar de carro la próxima vez que se vare.*	*Buscar un mecánico diferente.*

Tema	Posibles soluciones	Solución acordada por ahora
Limpieza y mantenimiento del hogar	• limpiar areas designadas dialamente • salir del exceso de 'cosas' • minimizar la cantidad de ropa • pagar para limpieza de hogar	vender todo lo que podamos por Amazon y craigslist

Si sus actitudes acerca del dinero y los bienes rara vez generan un conflicto entre ustedes, continúen a alguna de las siguientes opciones de la segunda parte del ejercicio como "Las tareas del hogar" (Página 47), "Cómo pasamos nuestro tiempo libre" (Página 50) ó, "La crianza" (Página 53).

Pasa a la siguiente página →

Comparando nuestros pasos - segunda parte

Las tareas del hogar

1. Cada uno circule las frases que mejor describan sus sentimientos (y los mensajes que recibieron de su familia a medida que fueron creciendo) acerca de las tareas en el hogar.

• Los padres realizaban muchos proyectos o mantenimientos ellos mismos. • Los padres contrataban a alguien cuando algo necesitaba reparación. • Crecieron en un hogar arreglado y organizado.	• La casa se limpiaba y organizaba con regularidad. • Se permitía acumular desorden y luego se limpiaba. • Se compartían las tareas del hogar - no se daban los roles de género tradicionales.
• Crecieron en un hogar descuidado y desorganizado. • Crecí en la ciudad, no había jardín. • Crecí en las afueras de la ciudad, se hacía algo de trabajo al aire libre.	• Roles tradicionales, por ejemplo, la mamá cocinaba, el papá hacía los mantenimientos. • Utilizaban empleadas del servicio doméstico. • Disfrutaban cocinar.
• Crecí en el campo, en una finca, con mucho trabajo al aire libre. • Las tareas se asignaban de manera organizada.	• No les gustaba cocinar. • Seguridad al hacer uno mismo los proyectos.
• No se esperaba que los niños ayudaran en el hogar. • Los niños tenían varias responsabilidades en las tareas del hogar.	• Incómodo con hacer los trabajos tú mismo. • Se turnaban para hacer las tareas a medida que se iban necesitando (un enfoque relajado).
• Cuando niño, disfrutabas ayudando en las tareas de la casa. • Cuando niño, no te gustaba ayudar en las tarea de la casa.	• Preferían dividir las tareas y tener roles fijos. • Creaban una tabla para saber quién hacía qué.

Escribe otras palabras o frases significativas que describan tu actitud hacia las tareas del hogar:

Me gusta un hogar organizado pero me encuentro incapaz de poner el esfuerzo para obtenerlo.

Muestren a su cónyuge lo que escribieron y conversen acerca de las diferencias.

EJERCICIO 3 (continuación)

2. Nuestros valores en cuanto a las tareas del hogar, es decir, qué es lo más importante para nosotros.

Por ejemplo:
1. *Compartimos las tareas del hogar por igual.*
2. *Sentimos que en casa se vive en un ambiente acogedor y relajado.*
3. *Pagamos por el mantenimiento de nuestro hogar.*
4. *Mantenemos nuestra casa limpia y organizada.*
5. *Gastamos poco tiempo en las tareas del hogar y en hacerlas nosotros mismos.*

Escribe tu propia lista, antes de mirar la de tu cónyuge y luego hagan una "lista acordada".

Mi lista	Nuestra lista acordada
1. • Compartimos varias tareas del hogar	1.
2. • mi esposo es mejor en la cocina	2.
3. • Yo soy mejor organizando y limpiando	3.
4. • Tenemos que	4.
5. ncluir a nuestro hijo a participar	5.

Pasa a la siguiente página →

EJERCICIO 3 (continuación)

3. Escojan un área de conflicto que tengan respecto a las tareas del hogar. Cada uno escriba las que considere que pueden ser posibles soluciones. Discutan sobre ellas y luego, escriban la solución que acordaron por ahora.

Por ejemplo:

Tema	Posibles soluciones	Solución acordada por ahora
Tanto esposo como esposa trabajan tiempo completo - ¿quién realizará el aseo?	• *Hagamos las tareas de acuerdo con nuestra necesidad - quien tenga el tiempo.* • *Desarrollen una tabla, asignando tareas a cada uno.* • *Turnarnos cada semana o fin de semana.* • *Contratar una persona que realice el aseo de la casa.* • *Hacer las tareas de la casa juntos los fines de semana.* • *Asignar algunas de las tareas a los hijos mayores.*	*Crear una tabla para asignar tareas y contratar una persona que vaya a la casa y realice la limpieza, una vez por semana.*

Tema	Posibles soluciones	Solución acordada por ahora
	• • • • • •	

Cómo pasar el tiempo libre

1. Cada uno circule las palabras o frases que mejor describan sus sentimientos, y los mensajes que recibieron de su familia a medida que fueron creciendo, acerca de cómo pasar el tiempo libre.

• Estructurado y planeado. • Flexible y espontáneo. • Vacaciones con poca actividad, relajadas. • Vacaciones con mucha actividad.	• Fines de semana bien planeados. • Fines de semana relajados y casuales. • Fines de semana utilizados para socializar.	• Viajes de lujo. • Viajes con presupuesto. • Cenar en familia regularmente.
• Realizar mucho deporte en vacaciones. • Disfrutan tener invitados en casa. • Prefieren no tener muchos invitados en casa.	• Fines de semana para realizar las tareas de la casa. • Involucrados en varios deportes y actividades.	• Cenar cada uno por su lado. • Ver televisión con poco frecuencia.
• Los padres salían con frecuencia sin los hijos. • Los padres se quedaban en casa y se divertían juntos en familia.	• Más importancia por los pasatiempos intelectuales. • No se participa mucho en actividades o deportes.	• La televisión una parte central de la vida familiar. • En su mayoría, el tiempo libre se disfruta en pareja.
• La mayoría de las comidas eran en casa. • La mayoría de las comidas eran en restaurantes.	• Días festivos se pasaban en casa. • Días festivos se pasaban visitando a la familia.	• En su mayoría, el tiempo libre se disfruta solo. • En su mayoría, el tiempo libre se disfruta con los amigos y la familia.
• Gasto preferido - pasar las vacaciones de verano con la familia extensa. • Vacaciones preferidas - pasar el tiempo en casa.	• Pasaban mucho tiempo con la familia extensa. • Rara vez se veían con la familia extensa.	• Una persona madrugadora - se levanta y se acuesta temprano. • Una persona nocturna - se levanta y se acuesta tarde.

Pasa a la siguiente página

EJERCICIO 3 (continuación)

Escribe otras palabras o frases significativas que describan tu actitud sobre cómo te gusta pasar tu tiempo libre:

_____

_____

_____

Muestren a su cónyuge lo que escribieron y conversen acerca de las diferencias.

2. Nuestros valores en cuanto al tiempo libre, es decir, qué es lo más importante para nosotros.

   Por ejemplo:
   1. Estructurado / planeado
   2. Viajar juntos
   3. Importancia de las comidas
   4. Entretener a los amigos en casa.
   5. Tiempo para realizar sus pasatiempos individuales

   Escribe tu propia lista, antes de mirar la de tu cónyuge y luego hagan una "lista acordada".

Mi lista	Nuestra lista acordada
1. _____	1. _____
2. _____	2. _____
3. _____	3. _____
4. _____	4. _____
5. _____	5. _____

EJERCICIO 3 (continuación)

3. Escojan un área de conflicto que tengan respecto al tiempo libre. Cada uno escriba las que considere pueden ser las posibles soluciones. Discutan sobre ellas y luego, escriban la solución que acordaron por ahora.

Por ejemplo:

Tema	Posibles soluciones	Solución acordada por ahora
¿Dónde pasar Navidad?	• Visitar la familia que se encuentra lejos. • Dividir las festividades entre tiempo de familia y tiempo solos. • Ser anfitriones de ambas familias en casa. • Irnos de vacaciones • Escoger un destino - un hotel para que las familias se reúnan. • Turnarse cada año para visitar los diferentes lados de la familia.	Pasar Navidad solos en casa y después, viajar a ver la familia extensa.

Tema	Posibles soluciones	Solución acordada por ahora
	• • • • • •	

Pasa a la siguiente página →

Resolución de conflictos | 51

EJERCICIO 3 (continuación)

La crianza de los hijos

1. Cada uno circule las palabras o frases que mejor describan sus sentimientos, y los mensajes que recibieron de su familia a medida que fueron creciendo, acerca de cómo criar a los hijos.

• Estricto / disciplinado. • Relajado / informal. • Balance entre el amor y límites firmes.	• Se limitaba la cantidad de televisión permitida para ver. • Mucho afecto y muchas expresiones de amor. • Poco afecto y pocas expresiones de amor.	• Alentador / reconocimiento. • Basado en el rendimiento y un tanto crítico. • Palizas utilizadas para disciplinar
• Sin discusiones frente a los hijos. • Muchas discusiones frente a los hijos.	• Alentaban la expresión de emociones negativas. • Paciente y no emocional	• Castigos como "tiempo fuera" y utilización de otras formas de castigos. • A los hijos se les permite hacer lo que quieran.
• Asistir a misa y rezar juntos. • No asistían con regularidad a misa ni rezaban juntos.	• Padres bastante involucrados en las actividades de los hijos. • Padres poco involucrados en las actividades de los hijos.	• Animaban a los hijos a ser cada vez más independientes. • Protegidos - no se animaba a la independencia.
• Se invertía dinero en educación. • No había dinero disponible para invertir en educación.	• Presionaban para que lograran cosas. • Relajados y permitían que cada uno encontrara su propio nivel de logro. • Con regularidad pasaban tiempo juntos divirtiéndose.	• Calmada y silenciosa - se evitaban los desacuerdos. • Los desacuerdos eran aireados, con mucha discusión y pasión.
• No había deseos de invertir en la educación. • Podían ver tanta televisión como quisieran.	• Rara vez se divirtieron juntos como familia. • Temor a estar juntos como una familia.	

EJERCICIO 3 (continuación)

Escribe otras palabras o frases significativas que describan tu actitud hacia la crianza de tus hijos:

_____

_____

Muestren a su cónyuge lo que escribieron y conversen acerca de las diferencias.

2. Nuestros valores respecto a la crianza de los hijos, es decir lo que es más importante para nosotros:

Por ejemplo:
1. Establecer límites claros para los niños
2. Ser cariñosos (darles muchos besos y abrazos)
3. Pasar tiempo juntos divirtiéndonos como familia.
4. Apoyarnos mutuamente frente a los niños
5. Enseñarles valores espirituales.

Escribe tu propia lista, antes de mirar la de tu cónyuge y luego hagan una "lista acordada".

Mi lista	**Nuestra lista acordada**
1. _____	1. _____
2. _____	2. _____
3. _____	3. _____
4. _____	4. _____
5. _____	5. _____

Pasa a la siguiente página →

EJERCICIO 3 (continuación)

3. Escojan un área de conflicto que tengan respecto a la crianza de los hijos. Cada uno escriba las que considere que pueden ser posibles soluciones. Discutan sobre ellas y luego, escriban la solución que acordaron por ahora

Por ejemplo:

Tema	Posibles soluciones	Solución acordada por ahora
¿Cómo lograr un balance entre el trabajo y la educación de los hijos? ¿Debería la madre trabajar fuera de casa?	• *La madre trabaja tiempo completo* • *La madre trabaja medio tiempo* • *La madre trabaja desde casa* • *La madre se queda en casa tiempo completo con los hijos* • *La madre se queda en casa con los hijos hasta que se van para el colegio* • *El padre se queda en casa con los hijos*	*La madre se queda en casa con los hijos hasta que se van para el colegio y luego va al trabajo.*

Tema	Posibles soluciones	Solución acordada por ahora
	• • • • • •	

Tiempo de pareja
Sesión 3 – Tarea

Completen el ejercicio 3, "Comparando nuestros pasos - segunda parte" de las páginas 47 a la 55 si todavía no lo han hecho y, si "Las tareas del hogar", "¿Cómo pasar el tiempo libre?" ó "La crianza de los hijos" causa conflicto entre ustedes.

EJERCICIO 1

Enfocándonos en el tema

El propósito de este ejercicio es discutir acerca de cualquier otra área de conflicto y que juntos encuentren las mejores soluciones. Asegúrense de que están pidiendo y no exigiendo los cambios en el otro.

1. Cada uno escriba un tema que les cause conflicto en su matrimonio, el cual surge de un hábito o patrón de comportamiento en ti y que necesita ser cambiado.

   _____

   _____

   _____

2. ¿Qué necesitas que suceda para que puedas cambiar ese patrón de comportamiento?

   _____

   _____

   _____

Pasa a la siguiente página

EJERCICIO 1 (continuación)

3. ¿Qué puede hacer tu cónyuge para ayudarte a cambiar?

_____

_____

_____

Ahora, utilizando la guía de la página 40, "Seis pasos prácticos para lograr la paz", negocien las áreas de conflicto que cada uno ha identificado.

4. La solución acordada por los dos es:

_____

_____

_____

5. Cada uno escriba un tema que les cause conflicto en su matrimonio, el cual surge de un hábito o patrón de comportamiento **en tu cónyuge** y que se puede cambiar. Sé específico y positivo, a medida que se tratan temas que son importantes para ti.

   Por ejemplo:
   Me encantaría que fueras más afectuoso cuando nos encontramos después del trabajo. Me gustaría que dejáramos de criticarnos mutuamente en frente de otros, especialmente de los niños. Apreciaría mucho si pudiéramos ser más puntuales.

_____

_____

_____

EJERCICIO 1 (continuación)

6. ¿Qué puede hacer tu cónyuge para cambiar este patrón de comportamiento?

_____

_____

_____

7. ¿Qué puedes hacer tú para ayudar a que tu cónyuge cambie? (Nota: no ayudan la crítica personal, los gritos, ser gruñón, el acoso, etc).

_____

_____

_____

De nuevo, utilicen los "Seis pasos prácticos para lograr la paz" en la página 40, negocien las áreas de conflicto que identificaron en el punto 5 anterior.

8. La solución acordada por los dos es:

_____

_____

_____

9. ¿Desearían pasar unos pocos minutos al día orando juntos? Si es así, ¿cuándo y cómo sería el mejor momento de hacerlo?

_____

_____

_____

El poder
del perdón

RECUERDA

El objetivo del Curso para Matrimonios es establecer patrones de relación que ayuden a las parejas a acercarse y mantener sus matrimonios creciendo durante toda la vida.

Construyendo cimientos sólidos

- Haz que el tiempo de pareja semanal sea una prioridad en tu agenda.
- Descubre y busca satisfacer las necesidades de tu cónyuge (ver "Conociéndome, conociéndote", página 14).

El arte de la comunicación

- Esta semana conversa con tu cónyuge sobre tus sentimientos.
- Escucha a tu cónyuge hablar de sus sentimientos sin interrumpir, criticar ni aconsejar.

Resolviendo conflictos

- Todos los días, expresa tu aprecio a tu cónyuge.
- Cuando tengan desacuerdos, discutan acerca del tema y no se ataquen mutuamente.
- Tomen unos minutos al día para orar con y por el otro, o demostrarse su apoyo de otra forma.

El poder del perdón

Introducción

- Decir lo siento así como perdonar son importantes porque, todos en algún momento, heriremos a nuestro cónyuge.
- Tratar el dolor es vital para la intimidad.
- Las relaciones se fortalecen a través de la confianza y la franqueza.
- Las heridas debilitan la confianza y la franqueza.

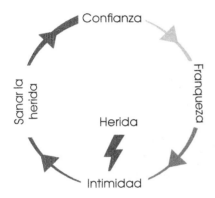

Reacciones hacia las heridas

1. Ira

- Algunos son como los rinocerontes - atacan cuando se les provoca.
- Algunos son como los erizos - se retraen cuando se sienten amenazados.

Rinocerontes y Erizos

Identifica si eres un rinoceronte o un erizo. Si no estás seguro, pregúntale a tu cónyuge.

2. Retaliación
- Hacer que nuestro cónyuge sepa cómo nos sentimos cuando nos hirió.

3. Miedo
- Nos retraemos para no ser heridos de nuevo.

4. Culpa
- Las heridas siempre serán causadas por ambos miembros de la pareja.

"Si se enojan, no pequen. No dejen que el sol se ponga estando aún enojados, ni den cabida al diablo".

'Efesios 4:26–27

Notas

EJERCICIO 2

Manejando la ira

El objetivo de este ejercicio es ayudarles a reconocer cómo responden, cada uno de ustedes, cuando se sienten heridos y como demuestran su ira.

1. Coloca un número entre 0 y 4 en la casilla correspondiente a cada afirmación, para indicar qué tan cierta es ella para ti. Luego suma las columnas A y B.

0. nunca   1. rara vez   2. algunas veces   3. con frecuencia   4. siempre

Cuando estoy herido, yo...

		A	B
1.	mantengo la paz a cualquier precio		3
2.	exagero y ataco	1	
3.	fallo en admitir que estoy enojado / herido		3
4.	me disculpo porque yo pude haberlo causado		2
5.	me vuelvo controlador y mandón	2	
6.	le aplico la ley del silencio a mi cónyuge		1
7.	soy rápido para culpar a otros	1	
8.	tomo represalias al generar confrontación	0	
9.	me retraigo o me cierro emocionalmente		1
10.	quisiera huir y esconderme		1
11.	pierdo el control, me vuelvo explosivo, grito, cierro puertas, etc.	0	
12.	digo cosas de las que me arrepiento después	1	
13.	trato de ignorar mis sentimientos		1
14.	me vuelvo frío, cínico o sarcástico		2
15.	digo cosas para herir a mi cónyuge	1	
16.	evito el afecto físico y el sexo		2
17.	exijo la discusión inmediata del tema	2	
18.	lanzo acusaciones para evitar mi responsabilidad	1	
19.	siento que no tengo el derecho de sentirme enojado		0
20.	recuerdo las heridas del pasado que no tienen relación con el tema		1
Total		10	14
		A	B

	Mi puntaje	Puntaje de mi cónyuge
A = Comportamiento rinoceronte	10	7
B = Comportamiento erizo	14	23

EJERCICIO 2 (continuación)

Ahora observen sus puntajes y conversen acerca ellos, especialmente sobre las diferencias.

2. En los momentos de desacuerdo, ¿qué palabras o frases utilizas? ¿eres consciente de que hieren a tu cónyuge?

_____

_____

¿Qué palabras o frases utiliza tu cónyuge que te hieren?
(Esta pregunta es especialmente importante si alguno o ambos reconocen que reaccionan como un rinoceronte).

_____

_____

3. En los momentos de desacuerdo, ¿tú y tu cónyuge son capaces de expresar su punto de vista y sentimientos?

_____

_____

Si no, ¿cómo puedes ayudar a tu cónyuge a hacerlo?
(Esta pregunta es especialmente importante si alguno o ambos reconocen que reaccionan como erizos).

_____

_____

¿Qué sucede cuando el dolor y la ira se ocultan?

Síntomas físicos
- Alteración del sueño
- Apetito afectado
- Condiciones médicas, p. ej. úlceras, presión arterial alta, dolor.

Síntomas de comportamiento
- Incapacidad para relajarse
- Bajo deseo sexual
- Mal genio / intolerancia
- Evadir por medio de drogas, alcohol, pornografía, etc.
- Evadir con el trabajo, los niños, las actividades religiosas, etc.

Síntomas emocionales
- Pérdida de emociones positivas, por ejemplo, el romance, el amor, la alegría.
- Baja autoestima / depresión
- Cerrarse
- Miedo a la confrontación

Proceso para sanar las heridas

1. Identifica la herida
- Toma la iniciativa para resolver la ira y sanar la herida.
- Reconoce las formas con las cuales has causado dolor a tu cónyuge y herido tu matrimonio (lee Mateo 5; 23 -24).
- Prepárate para decirle a tu cónyuge cuándo te hirió (lee Mateo 18: 15).

> "Por lo tanto, si estás presentando tu ofrenda en el altar y allí recuerdas que tu hermano tiene algo contra ti, deja tu ofrenda allí delante del altar. Ve primero y reconcíliate con tu hermano; luego vuelve y presenta tu ofrenda".
>
> Mateo 5:23–24

2. Discúlpate

- Acepta tu responsabilidad.
- Resiste el impulso de dar excusas o de culpar a tu cónyuge.
- Confiésalo a Dios y recibe su perdón
- Esto nos permite ver el efecto de nuestras acciones.
- Discúlpense mutuamente
- Abre el camino para la reconciliación y la sanación.

"Si tu hermano peca contra ti, ve a solas con él y hazle ver su falta. Si te hace caso, has ganado a tu hermano".

Mateo 18:15

EJERCICIO 3

Identificando heridas sin sanar

Este ejercicio se concentra particularmente en identificar las áreas de dolor y tratar de entender mejor los sentimientos del otro. El ejercicio se enfoca en la disculpa y el perdón.

Trata de identificar la herida de tu cónyuge

Piensa en las formas en que has herido a tu pareja, afectado tu matrimonio, y que no han sido resueltas por ustedes. Recuerda cuando eran novios, cuando se comprometieron y los primeros años de tu matrimonio, así como los tiempos recientes. (Ninguno de nosotros es perfecto).

- ¿Qué he dejado de hacer, que debería estar haciendo?
- ¿Qué he hecho, o estoy haciendo, que no debería hacer?
- ¿En qué he fallado para satisfacer las necesidades de mi cónyuge?
- ¿Qué he dicho que ha sido hiriente?
- ¿Qué he dejado de decir que podría haber demostrado amor y ánimo?

No des excusas o culpes a tu cónyuge. Los siguientes ejemplos muestran la diferencia:

Dando excusas / culpando a tu cónyuge:

Yo sé que ayer te critiqué en frente de los niños, pero no lo habría hecho si no nos hubieras hecho llegar veinte minutos tarde.

EJERCICIO 3 (continuación)

Disculpa apropiada:
Ayer te herí al criticarte en frente de los niños, fue poco amable de mi parte. Lo siento.

Dando excusas / culpando a tu cónyuge:
Yo se que anoche estuve malhumorado y grosero contigo, pero es que tú no entiendes bajo cuánta presión he estado en el trabajo las últimas dos semanas.

Disculpa apropiada:
Anoche, fue muy egoísta e insensible de mi parte haber sido grosero y estar malhumorado contigo. Discúlpame por haberte herido.

Escribe una lista de las cosas que se te vienen a la mente. Sé específico.

*(**Por ejemplo:** He dejado de ser afectuoso y rechazo tus iniciativas cuando quieres que hagamos el amor; me he quedado dormido frente al televisor en vez de conversar contigo; he estado saliendo más con mis compañeros de trabajo o mis amigos, que contigo; te dije cosas poco amables, hace dos semanas, cuando tuvimos esa fuerte discusión sobre el dinero.)*

En el pasado, teníamos más tiempo para conversar cuando estábamos en la cama. Ahora la technología, mi computadora, tu cellular a la television nos roba tanto tiempo de communicación.

Identifica tus propias heridas

Identifica las formas en las cuales has sido herido por tu cónyuge. La causa de la herida puede ser reciente o haber sucedido hace algún tiempo. Es posible que tu cónyuge se haya dado cuenta o no de que te hirió, puede que haya sido un incidente aislado o que se haya repetido varias veces. Debes asegurarte de ser específico y de describir cómo te sentiste. Habla siempre en primera persona (yo, me, etc).

Pasa a la siguiente página

EJERCICIO 3 (continuación)

(Por ejemplo: Me sentí sin apoyo y poco apreciado cuando no te diste cuenta del esfuerzo que hice para decorar la casa en Navidad; me sentí herida cuando no dijiste nada especial acerca de mi ascenso; yo no he podido sobreponerme al hecho de que me hayas mentido la primera vez que salimos juntos; me sentí rechazada cuando fuiste al bar la noche que regresamos de nuestra luna de miel; yo me siento frustrada porque tú no discutes las decisiones financieras conmigo.)

> Cuando estabas tomando clases de ingles y le dabas transportacion a tus compañeros. yo te mostre repetidamente que confiaba en ti. me sentí traicionada cuando encontre escrito en tu libreta que habias extrañado a una de tus compañeros. Cuando te confronte con la not situación. Hasta hoy me pregunto que paso entre tú y ella.

1. Cuando ambos hayan terminado, intercambien sus listas.

2. Lean en silencio las formas como cada uno ha herido al otro.

3. Luego, cada uno "reflexione" acerca de la razón de la herida de su cónyuge y de los sentimientos que le produjo, sin tratar de interpretar lo que escribió o sin defenderse a sí mismo. Para aclarar lo que sienten, haz preguntas como *"¿Qué querías decir con eso?"* o, *"¿Hay algo más que quisieras decirme?".*

4. Luego, el otro cónyuge debe hacer lo mismo. Deben estar seguros que cada uno de ustedes, ha entendido los sentimientos que han sido descritos.

5. Devuelve la lista a tu cónyuge. Luego aumenta o revisa tu lista con las formas en que lo has herido. Pasa un tiempo considerando cada aspecto de la herida. Trata de observarla a través de los ojos de tu cónyuge.

6. Durante la próxima semana, permite que Dios te dé la oportunidad de ver nuevos elementos acerca del porque tu cónyuge se siente herido y tu participación en su dolor.

7. Es importante realizar la tarea con el fin de completar el proceso de *"Abandonar toda amargura, ira y enojo"* (Efesios 4:31) mediante la disculpa y el perdón.

3. Perdona

- El perdón es esencial y una de las grandes fuerzas de sanación en el matrimonio.
- Hay grados de dificultad al perdonar.
- Jesús en la cruz por aquellos que lo crucificaron.
- Pequeños problemas, p. ej. olvidarse de realizar algo o hacerte llegar tarde.
- Grandes problemas, p. ej. infidelidad.
- Perdonar es ante todo una decisión, no un sentimiento.
- La pregunta no es "¿Siento ganas de perdonar?".
- La pregunta es "¿Podremos perdonar?, ¿Dejaremos de lado nuestra autocompasión, la exigencia de justicia y el deseo de venganza?".

"Padre, perdónalos, porque no saben lo que hacen".

Lucas 23:34

Perdonar NO ES:

- Exigir que la persona cambie antes de perdonarla.
- Pretender que no nos importa y tratar de olvidarlo.
- Pensar que pasar un tiempo a solas sanará la herida.

Perdonar ES:

- Enfrentar el mal que nos han hecho.
- Reconocer las emociones interiores.
- Entregar a nuestro cónyuge en las manos de Dios, dejándole a Él las consecuencias.
- Escoger no atacar a nuestro esposo o esposa.
- Si no perdonamos, estaremos atrapados por la amargura, la ira y el resentimiento.
- Perdonar es un proceso. Con frecuencia tenemos que continuar perdonando por la misma herida, algunas veces diariamente.
- Dios nos perdona voluntariamente, por lo tanto nosotros debemos perdonar de igual forma.

"Abandonen toda amargura, ira y enojo... Sean bondadosos y compasivos unos con otros, y perdónense mutuamente, así como Dios los perdonó a ustedes en Cristo".

Efesios 4:31–32

Empezar de nuevo juntos

- Comiencen cada día con un nuevo inicio y sin rencores; arranquen todas las páginas del cuaderno.
- No esperes que la sanación sea inmediata; las disculpas y el perdón disminuyen la distancia entre nosotros pero la herida deja un moretón que necesita tiempo para sanar.
- Reconstruyan la confianza estableciendo un tiempo de pareja, siendo dulces y amables mutuamente.
- Oren el uno por el otro; oren en voz alta o en silencio, pidiendo a Dios que sane a tu cónyuge de las heridas que le has causado.

Este proceso es como un desagüe que se lleva las heridas. Si queremos mantener la intimidad, confesarse con Dios y con aquellos que hemos herido, así como perdonar a quienes nos han herido, debe convertirse en un hábito diario. De lo contrario, el desagüe comenzará a taparse con heridas e ira sin resolver.

Pedro se acercó a Jesús y le preguntó: "Señor, ¿cuántas veces tengo que perdonar a mi hermano que peca contra mí? ¿Hasta siete veces?" Jesús le contestó: "No te digo que hasta siete veces, sino hasta setenta y siete veces siete".

Mateo 18:21–22

"El amor no guarda rencor".

1 Corintios 13:5

"Olvidando lo que queda atrás y esforzándome por alcanzar lo que está delante".

Filipenses 3:13

Apoyándose mutuamente

Pregunta a tu cónyuge una forma en la que puedas apoyarlo durante esta semana. Si te sientes cómodo, ora por él ya sea en voz alta o en silencio. De lo contrario, expresa tu apoyo de una manera diferente.

"Por eso, confiésense unos a otros sus pecados, y oren unos por otros, para que sean sanados".

Santiago 5:16

Tiempo de pareja
Sesión 4 – Tarea

Si no lo has hecho, termina el ejercicio "Identificando heridas no resueltas" de las páginas 65 a la 67 e intercambia las listas, como se describe en la página 67.

Esta semana, asegúrate de tener por lo menos dos horas a solas para el tiempo de pareja.

EJERCICIO 1

Sanando las heridas pendientes

Realiza los pasos 1 al 4 individualmente y luego los pasos 5 al 8, con tu cónyuge.

1. Identifica la herida más profunda de tu cónyuge

Vuelve a consultar la lista de las heridas de tu cónyuge en la página 66 y escribe aquí la forma principal, con la que tú sabes has herido a tu cónyuge.
(Por ejemplo: He herido a mi cónyuge haciendo una broma sobre el malentendido entre nosotros; mi cónyuge se sintió herida cuando puse más atención a mi trabajo que a ella.)

Una de las maneras principales en que he herido a mi cónyuge es:

_____

_____

_____

Pasa a la siguiente página →

EJERCICIO 1 (continuación)

2. Trata de entender los sentimientos de tu cónyuge

En relación a esta herida, mi cónyuge se siente:

(Por ejemplo: ridículo, humillado, no aceptado, criticado, rechazado, no amado, subestimado.)

_____

_____

_____

3. Acepta tu responsabilidad (no des excusas o culpes a tu cónyuge)

- *Sí, lo hice.*
- *Estuvo mal.*
- *Necesito ser perdonado por Dios y por mi cónyuge.*
- *Necesito prepararme para cambiar.*

De ahora en adelante, con la ayuda de Dios, voy a tratar de:

_____

_____

_____

Ahora repite los pasos 1 al 3 con otras maneras en las que hayas herido a tu cónyuge.

> ..."ahora me alegro, no porque se hayan entristecido sino porque su tristeza los llevó al arrepentimiento. Ustedes se entristecieron tal como Dios lo quiere, de modo que nosotros de ninguna manera los hemos perjudicado".
>
> 2 Corintios 7:9

EJERCICIO 1 (continuación)

4. Confiesa a Dios tus pecados

- Sé específico – *"Señor Dios, te he herido a ti y a mi cónyuge al:*

_____

_____

_____

"Esto estuvo mal y te pido que me perdones. Gracias por llevarte mi culpa en la cruz y por darme un nuevo comienzo. Te pido que me ayudes a ser el cónyuge que tú quieres que sea".

Cree en la promesa de Dios de perdón y limpieza.

> "Si confesamos nuestros pecados, Dios, que es fiel y justo, nos los perdonará y nos limpiará de toda maldad".
>
> 1 Juan 1:9

5. Pídanse perdón mutuamente

"Lo siento por: _____

_____

_____

"Yo sé que te hiere y qué sientes: _____

_____

_____

"De ahora en adelante, tengo la intención de: _____

_____

Por favor perdóname".

Pasa a la siguiente página →

EJERCICIO 1 (continuación)

6. Perdónense mutuamente

- Dile a tu cónyuge, *"Te perdono".*
- Para algunas personas, esto es una lucha; puede ser de ayuda escribir primero a Dios el deseo de perdonar a nuestro cónyuge por una herida en particular.

P. ej.:

"Querido Señor, gracias porque Tú me conoces bien y me amas. Gracias por estar dispuesto a perdonarme por la manera en que he herido a otros. Tú sabes cuán herido y enfadado me sentí cuando mi cónyuge me criticó a pesar de que he hecho mi mejor esfuerzo. He decidido dejar de lado mi ira y mi resentimiento. Quiero poner en tus manos mi deseo de venganza y pedirte que ayudes a mi cónyuge a cambiar. He decidido perdonarlo así como tú me has perdonado a mí. Por favor sana mis heridas con tu amor.".

> "Perdónanos nuestros pecados, porque también nosotros perdonamos a todos los que nos ofenden".
>
> Lucas 11:4

7. Consuélense y oren el uno por el otro

- Esto es de mucho valor cuando ambos cónyuges se han hecho vulnerables el uno al otro.
- Esto trae sanación a las heridas.
- Ora para que tu cónyuge se sienta libre de toda culpa.

8. Hagan algo que ambos disfruten juntos

- De esta forma empezarán a reemplazar las emociones negativas con positivas.

El impacto de la familia – pasado y presente

Construyendo cimientos sólidos

- Haz que el tiempo de pareja semanal sea una prioridad en tu agenda.
- Descubre y busca satisfacer las necesidades de tu cónyuge (ver "Conociéndome, conociéndote", página 14).

El arte de la comunicación

- Esta semana conversa con tu cónyuge sobre tus sentimientos.
- Escucha a tu cónyuge hablar de sus sentimientos sin interrumpir, criticar ni aconsejar.

Resolviendo conflictos

- Todos los días, expresa tu aprecio a tu cónyuge.
- Cuando tengan desacuerdos, discutan acerca del tema y no se ataquen mutuamente.
- Tomen unos minutos al día para orar con y por el otro, o demostrarse su apoyo de otra forma.

El poder del perdón

- Mantén el "desagüe" libre de dolor e ira sin resolver.
- Identifiquen, pidan perdón y perdónense por las formas en que se han herido mutuamente.

El impacto de la familia – pasado y presente

Introducción

- La educación familiar tiene una gran influencia en el matrimonio.

- Las expectativas de las diferentes generaciones pueden causar tensión entre la familia extensa.

- Nosotros, particularmente cuando estamos relajados o estresados, repetimos o reaccionamos contra la forma como nuestros padres se comportaban.

  - Lo positivo - se agradecido por lo que estuvo bien en tu educación y en la de tu cónyuge.

  - Lo diferente - reconoce las diferentes expectativas de cada uno frente a las tradiciones familiares y los roles de cada cónyuge y definan su forma de hacer las cosas.

  - Lo negativo - relaciones difíciles con la familia extensa, o un dolor de infancia que puede poner demasiada presión en el matrimonio. Es importante que tratemos estos temas para que podamos entendernos mutuamente y avanzar como pareja.

Notas

Etapas del crecimiento

1. Infancia

El papel de nuestros padres:

- Satisfacer nuestras necesidades físicas y emocionales.
- Establecer límites apropiados.
- Demostrar amor incondicional.
- Proveer un modelo a imitar de un buen matrimonio.

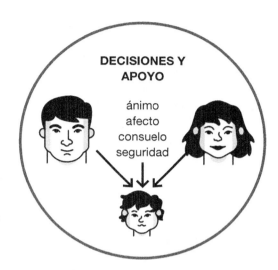

DECISIONES Y APOYO

ánimo
afecto
consuelo
seguridad

DECISIONES

apoyo

2. Adolescencia

El papel de nuestros padres:

- Brindar una independencia cada vez mayor.
- Continuar satisfaciendo nuestras necesidades físicas y emocionales, así como establecer límites.
- Demostrar un amor incondicional.
- Enseñarnos a considerar sus necesidades y comenzar a recibir algo a cambio.

3. Mayoría de edad / dejando el hogar

El papel de nuestros padres:

- Dar apoyo y consejos. Es posible que nosotros hayamos vuelto a la casa paterna para recibir consejos, por comodidad, por dinero o por ayuda con la ropa sucia.
- Permitir la independencia y animarnos a tomar nuestras propias decisiones.
- Generar una transición a una relación adulta.

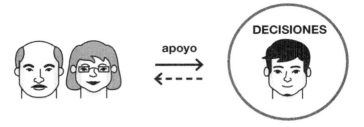

4. El matrimonio

Como pareja, la independencia debe ser completa:

- Tener un nuevo centro de gravedad.
- Establecer nuestro hogar como una nueva decisión - estructurarlo.
- Buscar satisfacer las necesidades del otro.
- Desarrollar una relación de apoyo mutuo con padres y suegros.
- Establecer límites. No es alejarte de tus padres sino, como pareja, relacionarte con ellos de una nueva manera.

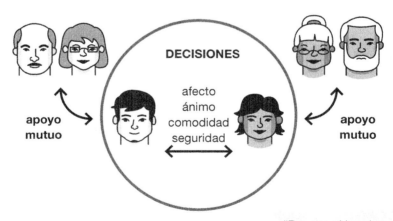

"Por eso el hombre deja a su padre y a su madre..."

Génesis 2:24

Relaciones actuales

Conversen acerca de sus relaciones actuales con los miembros de su familia extensa y miren si identifican alguna situación que esté causando tensión.

Construyendo relaciones familiares sanas

1. Resuelve cualquier conflicto
- Todas las relaciones involucran un poco de conflicto.
- Identifica lo que está causando tensión, considera discutirlo con tus padres o tus suegros.
- Discúlpate cuando hayas hecho algo mal.
- Decidan perdonar y seguir adelante.

"Si es posible, y en cuanto dependa de ustedes,
vivan en paz con todos".

Romanos 12:18

2. Considera sus necesidades
- Demuestra gratitud a tus padres.
- No abuses de su disponibilidad.
- Mantén el contacto.
- Toma la iniciativa de llamarlos o visitarlos con regularidad, permíteles ver a sus nietos, etc.
- Dales apoyo
  - Aconséjalos cuando lo necesiten.
  - Dales ayuda práctica.
  - Considera vivir cerca o con ellos.

"Honra a tu padre y a tu madre..."

Éxodo 20:12

3. Tomar nuestras propias decisiones
- Escucha el consejo de tus padres.
- Nunca decidas un tema importante con tus padres, sin haberlo discutido primero con tu cónyuge.
- Establezcan su propia política y manténganla.
- No conversen acerca de los altibajos de su relación.
- Proporciona la sensación de un estado de cercanía emocional.

EJERCICIO 2

Construyendo relaciones familiares sanas

Revisen los tres principios para construir relaciones sanas con la familia extensa, y conversen sobre los puntos que son más importantes para ustedes.

Mirando nuestro pasado
- Las experiencias negativas de nuestro pasado pueden afectar la forma como reaccionamos con nuestro cónyuge.
- Puede llevar a que las heridas enterradas y la ira las utilicemos contra nuestro cónyuge.
- Reconoce las necesidades de la infancia que no fueron satisfechas durante tu educación y cualquier herida o enojo.
- Las relaciones adultas requieren que nosotros aceptemos a nuestros padres como son o como fueron, más que como quisiéramos que sean o que hayan sido.

Notas

EJERCICIO 3

Reflexiona sobre tu educación

A. Tus relaciones familiares cercanas
- El círculo grande abajo te representa a ti mismo.
- Utiliza monedas para representar a los miembros más cercanos de tu familia.

1. Cada uno de ustedes tome tres o cuatro minutos organizando las monedas de acuerdo con la cercanía de las relaciones en su familia a medida que fueron creciendo, donde:

- **en contacto** = relación
  (p.ej. juntos con algo de comunicación).

- **superpuesto** = relación cercana
  (p. ej. buena relación, comunicación abierta y los conflictos bien resueltos).

- **separados** = falta de relación
  (p. ej. divorciados, separados o sin comunicación).

2. Dibuja un círculo alrededor de las monedas y escribe los nombres de cada persona dentro de ellos.

3. Comparen el dibujo de cada uno.
   Por ejemplo:

Pasa a la siguiente página

EJERCICIO 3 (continuación)

B. La relación contigo de tus padres o padrastros, o de quien te haya criado.

Por favor lee las siguientes preguntas y marca los cuadros que sean relevantes para ti:

Tus padres o padrastros:	Padre o padrastro	Madre o madrastra
(✓ coloca el signo si la respuesta es positiva))		
¿satisfacían tus necesidades físicas (como comida, ropa, hogar, etc.)?	✓	✓
¿te daban la sensación de seguridad?	✓	✓
¿respetaban tu individualidad?	✓	✓
¿te animaban en tu desarrollo?	✓	✓
¿te establecían reglas y límites apropiados para ti?	✓	✓
¿te daban una libertad creciente apropiada para tu edad?	✓	✓
¿te consolaban cuando estabas desilusionado?	☐	☐
¿te daban regalos?	✓	✓
¿se interesaban por tu vida?	✓	☐
¿trataban a todos los hijos por igual?	✓	✓
¿admitían sus errores y se disculpaban cuando era necesario?	☐	☐
¿te perdonaban por tus errores?	✓	✓
¿tenían expectativas reales de lo que era apropiado para tu edad?	✓	✓
¿aceptaban a tus amigos?	✓	✓
¿te ayudaban a relacionarte con tus hermanos y amigos?	✓	✓
¿establecían reglas familiares claras?	☐	☐
¿te disciplinaban de manera consistente y justa?	✓	☐
¿pasaban bastante tiempo contigo? (p. ej., jugaban contigo, hablaban contigo, etc.).	✓	☐
¿te demostraban afecto físico? (p. ej. te abrazaban, te besaban, etc.).	✓	☐

C. La relación entre tus padres o padrastros era:
(o la principal relación adulta que observaste a medida que creciste)

Tus padres o padrastros:	Si	Algunas veces	No	No sé
¿tenían una relación amorosa fuerte?		✓		
¿demostraban su interés el uno por el otro?		✓		
¿se divertían con frecuencia?			✓	
¿pasaban tiempo juntos a solas?			✓	
¿se demostraban afecto físico mutuamente?		✓		
¿se ayudaban con las tareas grandes y pequeñas?	✓			
¿se animaban el uno al otro, con elogios y aprecio mutuo?			✓	
¿se respetaban mutuamente?		✓		
¿se comunicaban de manera honesta y directa?			✓	
¿se escuchaban mutuamente sin interrumpir ni criticar?			✓	
¿resolvían sus conflictos de manera efectiva?			✓	
¿se disculpaban o perdonaban el uno al otro cuando era apropiado?			✓	
¿estaban de acuerdo en el uso del dinero?			✓	
¿se daban regalos mutuamente?	✓			
¿tenían intereses en común?			✓	
¿mostraban disposición para dialogar?			✓	
¿se mantuvieron fieles el uno al otro?	✓			

Cuando hayas terminado los puntos A, B y C de arriba, por favor contesta con tu cónyuge las siguiente preguntas:

- ¿De qué estás agradecido por la educación que recibiste?
- ¿Tienes alguna necesidad de infancia insatisfecha?
- ¿Eres consciente de alguna de ellas, que afecte negativamente tu matrimonio?
- ¿Eres consciente de los beneficios para tu matrimonio o vida familiar el imitar a tus padres, padrastros o las personas que estuvieron encargadas de tu crianza?
- ¿Eres consciente de los perjuicios para tu matrimonio o vida familiar el imitar a tus padres, padrastros o a las personas que estuvieron encargadas de tu crianza?

Sanando las heridas de la infancia

1. Reconocer las necesidades insatisfechas de la infancia

- No te sorprendas si te encuentras con sentimientos muy fuertes al realizar este ejercicio.
- Permite que Dios abra tu corazón y exprésale a Él tus sentimientos.

2. Acompañarse en el dolor

- Permite a tu cónyuge que hable sobre lo que ha perdido y dale apoyo emocional.
- Recibe consuelo de tu cónyuge sin exigirlo.

"Alégrense con los que están alegres; lloren con los que lloran".

Romanos 12:15

3. Perdonar

- Renuncia al deseo de venganza.
- Renuncia a las expectativas y anhelos de lo que hubieras querido que fueran tus padres u otras personas para ti.
- Recuerda que el perdón es un acto continuo de la voluntad y es esencial para lograr la sanación.

4. Acercarse a Dios y seguir adelante

No hay nada más allá del poder de Dios para sanar y restaurar.

- Ora por ti y tu cónyuge.
- Pídele a Dios que sane tu sensación de pérdida y que te ayude a conocer su amor.
- Vive las promesas de Dios en la Biblia.
- Cree en el amor incondicional de Dios por ti, tal y como eres ahora.
- No utilices el dolor de tu infancia como excusa para no satisfacer las necesidades de tu cónyuge.

"Con amor eterno te he amado; por eso te sigo con fidelidad".

Jeremías 31:3

Apoyándose mutuamente

Pregunta a tu cónyuge una forma en la que puedas apoyarlo durante esta semana. Si te sientes cómodo, ora por él ya sea en voz alta o en silencio. De lo contrario, expresa tu apoyo de una manera diferente.

Tiempo de pareja
Sesión 5 – Tarea

EJERCICIO 1

Relacionándose con los padres

A. Ser consciente del pasado

Toma diez minutos para completar tu "Gráfica de la vida" que se encuentra al dorso, como el ejemplo a continuación:

- Escribe los eventos más importantes que recuerdes en este momento.
- Coloca la experiencias positivas, calificadas entre 0 y +100, por encima de la "línea neutra".
- Coloca las experiencias negativas, calificadas entre 0 y -100, por debajo de la "línea neutra".
- Muestra a tu cónyuge lo que escribiste.
- Considera si has sido capaz de perdonar a aquellos que te han herido.
- Conversa con tu cónyuge acerca de cómo te sentiste antes y como te sientes ahora respecto a esos eventos.
- Si uno de ustedes ha sido herido por otros durante su educación, hay que comprobar que ambos están realizando los cuatro pasos de la "Sanación de las heridas de la infancia" (página 84).

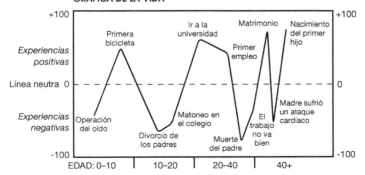

GRÁFICA DE LA VIDA

Pasa a la siguiente página →

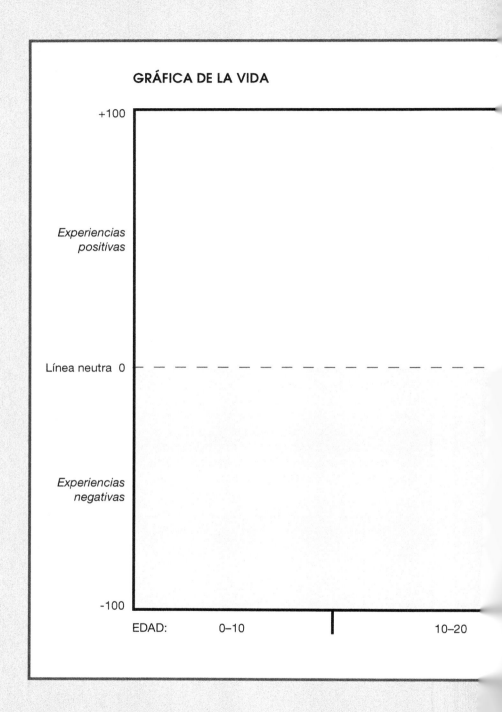

GRÁFICA DE LA VIDA

+100

Experiencias
positivas

Línea neutra 0 – – – – – – – – – – – – – – – – – – –

Experiencias
negativas

-100

EDAD: 0–10   10–20

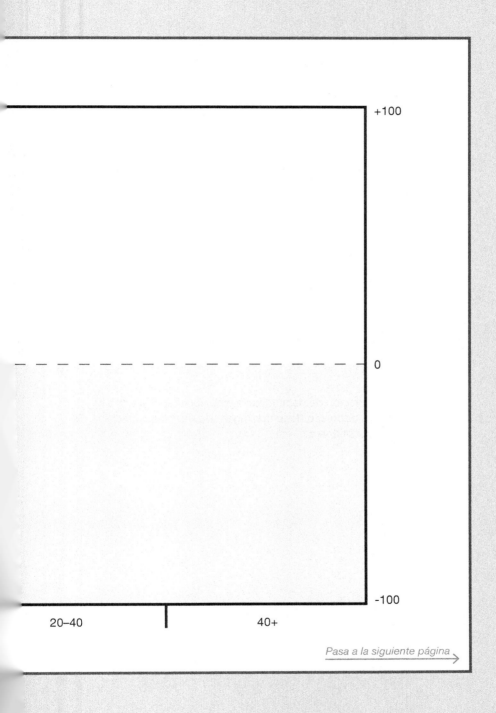

+100

0

-100

20–40

40+

Pasa a la siguiente página →

EJERCICIO 1 (continuación)

B. Apoyándose mutuamente

Cada uno debe completar las siguientes preguntas individualmente,
y luego, intercambiar sus respuestas. Por favor considera
cuidadosamente lo que tu cónyuge ha escrito. Conversen sobre los
puntos más significativos, dando atención especial a aquellos puntos
que tu cónyuge ha resaltado y tú no. Como resultado, es posible que
necesites modificar algunas de tus respuestas.

1. ¿Existe interferencia o control de parte de tus padres, en las
   decisiones y dirección que ustedes toman para su vida?. Si es así,
   ¿de qué forma?

   _____

   _____

   _____

   _____

2. ¿Existe una relación de dependencia emocional nociva entre tú y
   alguno de tus padres, o de tu cónyuge y alguno de sus padres?. Si
   es así, ¿de qué manera?

   _____

   _____

   _____

   _____

EJERCICIO 1 (continuación)

3. ¿Hay asuntos relacionados con tus padres, o suegros, que causen tensión o discusiones entre ustedes?

Por ejemplo:
"Con frecuencia hay tensión entre nosotros, cuando me demoro mucho en el teléfono hablando con uno de mis padres".

_____

_____

_____

_____

4. ¿De qué forma puedes tú apoyar a tu cónyuge, con respecto a tus padres o suegros?

_____

_____

_____

5. ¿De qué forma puede tu cónyuge apoyarte a ti, con respecto a tus padres o suegros?

_____

_____

_____

_____

Pasa a la siguiente página →

EJERCICIO 1 (continuación)

6. a) ¿Tú o tu cónyuge tienen necesidades insatisfechas de la infancia?
   Si es así, ¿cómo puedes ayudar a tu cónyuge?

   _____

   _____

   _____

   b) ¿Cómo puede ayudarte tu cónyuge?

   _____

   _____

   _____

C. Apoyando a tus padres

1. ¿Cómo puedes expresar tu gratitud hacia tus padres y suegros?

   _____

   _____

   _____

2. ¿Cuál es la mejor manera de mantenerte en contacto con tus padres o
   suegros?. Considera las llamadas telefónicas, tiempo y duración de las
   visitas, y otras maneras de comunicarte con ellos.

   _____

   _____

   _____

EJERCICIO 1 (continuación)

3. Considera las necesidades de tus padres y de tus suegros. De la siguiente lista, marca las casillas pertinentes para las necesidades de tus padres y suegros. Además de las casillas que tú marcaste, escribe las formas en que podrías ayudarles a satisfacer esas necesidades.

Padres del esposo	Necesidades:	Padres de la esposa
☐	Consejo ☐	
☐	Compañía ☐	
☐	Conversación ☐	
☐	Ánimo ☐	
☐	Ayuda práctica ☐	
☐	Seguridad ☐	
☐	Comprensión ☐	
☐	_____ ☐ *Otra necesidad*	
☐	_____ ☐ *Otra necesidad*	

Vida sexual sana

RECUERDA

El objetivo del Curso para Matrimonios es establecer patrones de relación que ayuden a las parejas a acercarse y mantener sus matrimonios creciendo durante toda la vida.

Construyendo cimientos sólidos

- Haz que el tiempo de pareja semanal sea una prioridad en tu agenda.
- Descubre y busca satisfacer las necesidades de tu cónyuge (ver "Conociéndome, conociéndote", página 14).

El arte de la comunicación

- Esta semana conversa con tu cónyuge sobre tus sentimientos.
- Escucha a tu cónyuge hablar de sus sentimientos sin interrumpir, criticar ni aconsejar.

Resolviendo conflictos

- Todos los días, expresa tu aprecio a tu cónyuge.
- Cuando tengan desacuerdos, discutan acerca del tema y no se ataquen mutuamente.
- Tomen unos minutos al día para orar con y por el otro, o demostrarse su apoyo de otra forma.

El poder del perdón

- Mantén el "desagüe" libre de dolor e ira sin resolver.
- Identifiquen, pidan perdón y perdónense por las formas en que se han herido mutuamente.

El impacto de la familia - pasado y presente

- Deben estar seguros de haber dejado a sus padres - las decisiones hay que tomarlas juntos y apoyarse mutuamente.
- Usen el perdón y la oración, para dejar de lado el dolor y la ira que fueron producidos desde su crianza.
- Construyan la mejor relación posible con padres, suegros y familia extensa pensando en sus necesidades y resolviendo los conflictos.

Vida sexual sana

Notas

Introducción
La manera como vemos la vida sexual, marca la diferencia.

1. Nuestra sociedad de consumo
- El sexo está bastante separado de la relación y el compromiso.
- Hay un deseo de gratificación inmediata.
- Se asume que el buen sexo sólo se puede encontrar en una relación nueva o en una aventura amorosa.

2. Una manera de desarrollar la intimidad
- Es un regalo de Dios para nuestro placer y gozo dentro del matrimonio (ver el Cantar de los Cantares).
- Es una forma de expresar nuestro amor que va más allá de las palabras.
- Expresa y profundiza la "unión en una sola carne".
- Hay un potencial de crecimiento de la relación sexual.
- Diseñado para desarrollarse durante toda la vida, así como crecen el amor y la comprensión mutuos.

"Yo soy de mi amado, y mi amado es mío..."

Cantares 6:3

3. Una parte vital de un matrimonio fuerte y sano

- No es el último toque del pastel sino un ingrediente vital del pastel.
- No es para ser compartida con otros.
- La intimidad sexual afecta cada aspecto de nuestro matrimonio y viceversa.
- Con frecuencia es la primera víctima del cansancio o la pereza.
- Puede necesitar un cambio en el estilo de vida, por ejemplo, aumentar el ejercicio, cambiar los hábitos de alimentación.

4. Los problemas pueden ser trabajados

- La mayoría de las parejas luchan con sus relaciones sexuales en un momento u otro.
- El deseo sexual se puede y debe ser volverse a despertar.
- No referirse a él como "su" problema o "mi" problema sino como "nuestro" problema.
- La mayoría de los problemas se resuelven a través de un mejor entendimiento y de realizar cambios.
- Algunos involucran problemas más profundos del pasado, que pueden ser sanados y restaurados a través de la oración y la ayuda profesional.

Seis cualidades de los grandes amantes

1. La importancia de la comunicación

- Al comienzo es difícil porque es profundamente privada y requiere vulnerabilidad.
- Nos permite comprender mejor al otro e incrementa nuestra intimidad.
- Las diferencias entre la sexualidad femenina y masculina, los hombres piensan en la meta, las mujeres en el recorrido.
- Dile a tu cónyuge lo que disfrutas, no lo dejes abierto a la suposición.
- Se necesita de coraje y confianza para abrirse y sacar los temores a la luz.
- Guardar emociones negativas es, con frecuencia, una barrera para el placer sexual.

Entendiéndonos mutuamente

Pregunta a tu cónyuge qué ha sido lo más relevante que ha escuchado durante esta sesión.

2. La importancia de la ternura

- Hay que tomarse su tiempo para hacer el amor.
- Enfóquense en entregarse mutuamente.
- Hay que sintonizarse con las necesidades emocionales del cónyuge y primero resolver los conflictos.
- Incrementar las caricias no sexuales, como cogerse de las manos, abrazarse, etc.
- Nunca critiques la forma natural del cuerpo de tu cónyuge, por el contrario dile lo que amas de su cuerpo.

"¡Ojalá pudiera mi cabeza reposar sobre su izquierda! ¡Ojalá su derecha me abrazara!"

Cantares 2:6

Notas

3. La importancia de la respuesta

- Responder sexualmente a nuestro cónyuge le brinda una sensación de confianza y bienestar.
- El sexo comienza como una decisión, seguido por la excitación.
- Entregarnos sexualmente requiere de un clima de confianza.
- Al decidir perdonar, con el paso del tiempo, se puede reconstruir la confianza.

4. La importancia del romance

- Crea el ambiente para hacer el amor.
- Es el antídoto para un sexo mecánico y rutinario.
- Aprende el arte de la seducción y la excitación.
- Toma la iniciativa.

El Amado: "Jardín cerrado eres tú, hermana y novia mía; ¡jardín cerrado, sellado manantial!". La Amada: "¡Viento del norte, despierta! ¡Viento del sur, ven acá! Soplen en mi jardín; ¡esparzan su fragancia! Que venga mi amado a su jardín y pruebe sus frutos exquisitos".

Cantares 4:12 & 16

EJERCICIO 2

Momentos románticos

Comparte con tu cónyuge cuáles han sido los momentos más románticos de su relación.

5. La importancia de la anticipación

- Nuestra mente es el recurso sexual más importante.
- Comunica tus deseos, el mejor sexo comienza al desayuno.
- Asegúrate que los pensamientos y deseos los dirijas hacia tu cónyuge.
- Los peligros de la pornografía.
- Es sano fantasear acerca de nuestro cónyuge.

Visita la página www.themarriagecourse.org para mayor información acerca de dónde encontrar ayuda para los problemas con la pornografía.

"Por último, hermanos, consideren bien todo lo verdadero, todo lo respetable, todo lo justo, todo lo puro, todo lo amable, todo lo digno de admiración, en fin, todo lo que sea excelente o merezca elogio".

Filipenses 4:8

6. La importancia de la variedad

- La familiaridad genera la complacencia.
- La creatividad y el romance producen emoción.
- Haz el amor en un sitio diferente.
- Varía la hora, que sea la última cosa para hacer en la noche, no siempre es el mejor momento.
- Cambia el ambiente, puede ayudar una luz tenue.
- Cambia la rutina, lee un libro acerca de cómo construir juntos una vida sexual sana.

"...hay a nuestras puertas toda clase de exquisitos frutos, lo mismo nuevos que añejos, que he guardado para ti, amor mío".

Cantares 7:13

En algún momento, 40% de las mujeres y 30% de los hombres experimentarán problemas sexuales. Visita www. themarriagecourse. org para obtener una lista de libros recomendados para construir una vida sexual sana.

EJERCICIO 3

Conversando sobre la vida sexual

A. Califica tus relaciones sexuales

En la lista inferior se presentan seis cualidades, circula el número de cada categoría para (A) ti y para (B) tu cónyuge, que consideras describe mejor sus relaciones sexuales, donde 1 - no muy buena y 5 - muy buena.

A. Tú	Cualidades	B. Tu cónyuge
1 2 ③ 4 5	Comunicación	1 ② 3 4 5
1 ② 3 4 5	Ternura	1 ② 3 4 5
1 2 ③ 4 5	Sensibilidad	1 2 3 ④ 5
1 2 ③ 4 5	Romance	1 ② 3 4 5
1 2 3 4 ⑤	Anticipación	1 2 3 4 ⑤
1 ② 3 4 5	Variedad	1 ② 3 4 5

¿En qué área(s) necesitan mejorar?

En la comunicacion, ternura, romance y variedad.

EJERCICIO 3 (continuación)

B. Identificar áreas con problemas

1. ¿Cuáles, si existen, son las diferencias entre tú y tu cónyuge, sobre la manera de responder sexualmente?

falta de romanticismo y falta de intimidad sexual frecuente.

¿Estas diferencias están teniendo un efecto positivo o negativo en su matrimonio?

negativo

Si son positivas, explica la razón principal:

Si son negativas, explica la razón principal:

mi falta de deseo, lapso de tiempo entre la intimidad y condición física.

2. ¿Tu autoestima y tu imagen corporal, afectan tus relaciones sexuales negativamente?

no creo

Si es así, explica por qué:

¿Cómo puede ayudarte tu cónyuge?

tener comunicación mas abierta sin enojos ni frustaciones.

Pasa a la siguiente página →

EJERCICIO 3 (continuación)

3. ¿Cuáles emociones sin resolver, si las hay, *(p. ej.: resentimiento, heridas, falta de perdón, ansiedad o culpa)* afectan tu vida sexual de alguna manera?

Si es así, explica por qué:

¿Cómo se pueden resolver?

4. ¿Hacer el amor entre ustedes carece de excitación?

Si, aveces, por falta de deseo

Si es así, ¿cuál nuevo elemento te gustaría que se incluyera en su vida sexual?

5. ¿Tiene el cansancio un alto impacto en la frecuencia con que ustedes hacen el amor?

definitivamente

Si es así, identifica las razones de ese cansancio:

trabajo estresante, falta de ejercicios y comida saludable

EJERCICIO 3 (continuación)

¿Qué podría darte un nuevo impulso? *(Por ejemplo, hacer ejercicio, una mejor comunicación, resolver las heridas del pasado, planear y priorizar las vida sexual, dormir más, salir menos, mayor diversión y menos trabajo).*

salir mas como pareja, mejorar comunicacion y el romanticismo

6. ¿Te sientes libre de conversar con tu cónyuge sobre sus relaciones sexuales?

_____

Si la respuesta es sí, escribe dos o tres cosas que tu cónyuge te haya dicho recientemente que hayan mejorado sus relaciones sexuales:

_____

_____

Si la respuesta es no, identifica algunas de las razones para tu dificultad:

_____

_____

Sugiere algo que te gustaría escuchar de tu cónyuge, que nunca has oído:

_____

_____

Pasa a la siguiente página

EJERCICIO 3 (continuación)

C. Escribe el guión

A continuación escribe los diferentes criterios que podrían crear, para ti, una buena relación sexual.

Debes ser específico sobre ciertas cosas como el momento, tomar la iniciativa, la posición, la atmósfera, el lugar, el romance, la ternura, la seducción y la excitación (juegos preliminares), el momento después. (No podemos adivinar las expectativas de cada uno).

1. _____   6. _____

2. _____   7. _____

3. _____   8. _____

4. _____   9. _____

5. _____   10. _____

D. Tratar de entenderse mejor el uno al otro.

- Una vez hayas terminado, lee las respuestas de tu cónyuge para las secciones A, B y C.
- Ahora comienza a dialogar acerca de lo que tu cónyuge ha expresado, comenzando por donde te sientas más cómodo.
- Dale la oportunidad a tu cónyuge de hacer preguntas acerca de lo que has escrito. Dile a tu cónyuge lo que más te sorprendió. Solicita que te aclare aquello que no entendiste completamente.

Protegiendo nuestro matrimonio

Ninguno de nosotros está exento de sentirse atraído por otra persona.

1. Edificarse mutuamente

- La causa más común de una aventura amorosa es la falta de satisfacción de las necesidades emocionales mutuas.

2. Establecer límites

- La infidelidad comienza y termina en la mente.
- Evita conversaciones íntimas con personas del sexo opuesto.
- No podemos controlar el sentirnos atraídos pero podemos decidir si podemos o no entretener esos pensamientos.
- El adulterio físico usualmente antecede al adulterio emocional.

3. Conversa con alguien acerca de tus sentimientos

- Las consecuencias de los secretos.
- Si los sentimientos se vuelven incontenibles, dile a tu cónyuge o a alguien más. Esto puede ayudarte a estallar la burbuja.

4. Mantener viva la vida sexual

- Diferentes niveles de deseo.
- Amar involucra entregarse al otro, algunas veces haciendo un esfuerzo, otras veces mostrando moderación.
- A medida que aumentamos la intimidad emocional, usualmente el deseo físico se incrementa.
- Es posible que necesiten disculparse o pedirse perdón mutuamente.
- Algunas veces hay que volver a los fundamentos de disfrutar tocarse y ser tocado.

"Así que cuídense ustedes en su propio espíritu, y no traicionen a la esposa de su juventud".

Malaquías 2:16

"Pero yo les digo que cualquiera que mira a una mujer y la codicia ya ha cometido adulterio con ella en el corazón".

Mateo 5:28

"Grábame como un sello sobre tu corazón; llévame como una marca sobre tu brazo. Fuerte es el amor, como la muerte, y tenaz la pasión, como el sepulcro. Como llama divina es el fuego ardiente del amor. Ni las muchas aguas pueden apagarlo, ni los ríos pueden extinguirlo. Si alguien ofreciera todas sus riquezas a cambio del amor, sólo conseguiría el desprecio".

Cantares 8:6–7

Apoyándose mutuamente
Discúlpense por todas las formas en que han estropeado su intimidad sexual. Pidan perdón. Digan a su cónyuge cómo pueden apoyarlo esta semana. Si se sienten cómodos, oren el uno por el otro, ya sea en voz alta o en silencio.

Tiempo de pareja
Sesión 6 – Tarea

La felicidad y la realización en esta área de nuestro matrimonio dependerán de la satisfacción de las necesidades de nuestro cónyuge, así como quisiéramos que satisfagan las nuestras. Ten cuidado de no exigir que tu cónyuge satisfaga tus deseos, mejor busca satisfacer los suyos.

Planea momentos para hacer el amor, aún si al comienzo parecen un poco artificiales, para cumplir con lo que cada uno se siente cómodo, en la sección C del ejercicio "Conversando sobre la vida sexual" de la página 98.

Amor en acción

El objetivo del Curso para Matrimonios es establecer patrones de relación que ayuden a las parejas a acercarse y mantener sus matrimonios creciendo durante toda la vida.

Construyendo cimientos sólidos

- Haz que el tiempo de pareja semanal sea una prioridad en tu agenda
- Descubre y busca satisfacer las necesidades de tu cónyuge (ver "Conociéndome, conociéndote", página 14).

El arte de la comunicación

- Esta semana conversa con tu cónyuge sobre tus sentimientos
- Escucha a tu cónyuge hablar de sus sentimientos sin interrumpir, criticar ni aconsejar.

Resolviendo conflictos

- Todos los días, expresa tu aprecio a tu cónyuge.
- Cuando tengan desacuerdos, discutan acerca del tema y no se ataquen
- mutuamente.
- Tomen unos minutos al día para orar con y por el otro, o demostrarse su apoyo de otra forma.

El poder del perdón

- Mantén el "desagüe" libre de dolor e ira sin resolver.
- Identifiquen, pidan perdón y perdónense por las formas en que se han herido mutuamente.

El impacto de la familia - pasado y presente

- Deben estar seguros de haber dejado a sus padres - las decisiones hay que tomarlas juntos y apoyarse mutuamente.
- Usen el perdón y la oración, para dejar de lado el dolor y la ira que fueron producidos desde su crianza.
- Construyan la mejor relación posible con padres, suegros y familia extensa pensando en sus necesidades y resolviendo los conflictos.

Relaciones sexuales sanas

- Digan a su cónyuge lo que disfrutan, no dejen una puerta abierta a las suposiciones.
- Busquen satisfacer los deseos de su cónyuge, más que sus propios deseos.
- No entierren los problemas, hablen de ellos y, de ser necesario, busquen ayuda.

Amor en acción

Introducción
- El amor es algo más que sentimientos, es acerca de lo que hacemos, implica una acción.
- Amor significa hacer un sacrificio por el bien del otro.

Cinco formas de expresarnos nuestro amor
1. **Palabras de afirmación**
2. **Regalos**
3. **Afecto físico**
4. **Tiempo de calidad**
5. **Actos de servicio**

- Estas expresiones son como lenguajes que comunican el amor.
- Para cada persona, uno de estos "lenguajes del amor" comunicará el amor, más eficazmente que los otros.
- La mayoría de las personas tenemos lenguajes del amor diferentes a los de nuestro cónyuge.
- Es común que tratemos de comunicar el amor en la forma como lo entendemos y como queremos recibirlo.
- Aprende cuáles son las expresiones de amor que más le importan a tu cónyuge y practica utilizarlas.

1. Palabras de afirmación
Las palabras tienen el gran poder de edificar o destruir a nuestro cónyuge.

- Demuestra aprecio por tu cónyuge a diario.
- Haláguense y anímense mutuamente.
- Conversen de manera amable.
- Hagan peticiones, no exigencias.
- Para algunos, escuchar palabras de afirmación los hace sentir como si llegaran a un oasis en el desierto.

2. Regalos

Los regalos son símbolos visuales del amor. Esta expresión de amor es la más fácil de aprender, pero es posible que necesitemos cambiar nuestra actitud hacia el dinero.

Dar regalos es una forma de invertir en nuestro matrimonio.

- Puede ser algo económico pero tener un valor muy alto, por ejemplo, una flor, un chocolate.
- No esperes sólo las ocasiones especiales.
- Descubre activamente lo que le gusta a tu cónyuge, y que esté acorde a tu presupuesto.

"Panal de miel son las palabras amables: endulzan la vida y dan salud al cuerpo".

Proverbios 16:24

EJERCICIO 1

Regalos favoritos

Dile a tu cónyuge cuáles han sido los mejores regalos que has recibido de él.

Notas

3. Afecto físico

El tacto es un comunicador poderoso del amor en el matrimonio. Si ésta es la manera principal, en que tu cónyuge se siente amado, en momentos de crisis le comunicará más que cualquier otra cosa, que tú le importas.

- El tocarse puede hablar más fuerte que las palabras.
- Toma diferentes formas, p. ej. tomarse de las manos, abrazarse por los hombros o la cintura, un beso, un abrazo, una mano sobre la otra, un masaje en la espalda, juegos sexuales preliminares, hacer el amor.
- Tanto el contacto sexual como el no sexual son importantes en el matrimonio.
- Para muchas esposas, el contacto físico y los signos de afecto tienen poco que ver con el sexo.
- Aprende a demostrar el afecto físico si no es algo natural en ti.

Gary Chapman escribió: *"Que toques mi cuerpo es que me toques a mí. Que te alejes de mi cuerpo es distanciarte emocionalmente de mí".*

4. Tiempo de calidad

Las parejas pueden pasar mucho tiempo juntas, y no utilizarlo para transmitirle amor a su cónyuge. Estar juntos significa algo más que cercanía física, involucra centrar la atención en nuestro cónyuge.

Se construye una amistad si pasamos tiempo de calidad juntos, así:

1. Conversando juntos
- Compartir nuestros pensamientos, sentimientos, deseos, miedos y decepciones.
- Algunos tendrán que aprender a escuchar mientras que otros aprenderán a hablar.

2. Comer juntos
- Las comidas son oportunidades valiosas para comunicarse frecuentemente.
- Haz un esfuerzo por iniciar la conversación.
- Realiza preguntas que tu cónyuge disfrutará contestar.

3. Divertirse juntos
- La amistad se construye alrededor de experiencias y recuerdos compartidos.
- Todos necesitamos de nuevas experiencias para tener una vida renovada en nuestra relación.

EJERCICIO 2

Tiempos juntos

Cada uno escriba una lista de actividades que hayan realizado y que hayan disfrutado juntos en el pasado o tal vez algunas que quisieran comenzar a realizar.

- tratar algunas divercines nuevas
- ir de caminata frecuentemente
- salir mas frecuente al cine
- ir al ballet y obras de teatro
- ir al coffee huse a tomar cafe o helado

Muestra a tu cónyuge lo que acabas de escribir. Utilicen sus listados como ideas a la hora de planificar el tiempo de pareja.

- planear pasadias una vez al mes (NH, NY, RI, MA)
- visitar museos en Boston y fuera de area

5. Actos de servicio

Esto involucra expresar el amor a través de servir a nuestro esposo o esposa, buscando satisfacer sus necesidades de formas prácticas.

- Actos de servicio rutinarios - satisfacer necesidades habituales.
- No rutinarias - respondiendo a una necesidad particular en un momento específico.
- Hay que pedir ayuda pero no debe ser exigida ni dada por hecho.
- Pregunta a tu cónyuge: "¿Hay algo que yo pueda hacer para ayudarte?".

"Traten a los demás tal y como quieren que ellos los traten a ustedes".

Lucas 6:31

Notas

Aprendiendo a amar

Jesucristo nos demostró su amor de estas cinco maneras:

1. Palabras

"Así como el Padre me ha amado a mí, también yo los he amado a ustedes".

Juan 15:9

2. Tiempo

"Vengan conmigo ustedes solos a un lugar tranquilo"...

Marcos 6:31

3. Acciones

"Luego echó agua en un recipiente y comenzó a lavarles los pies a sus discípulos"...

Juan 13:5

4. Tacto

"Jesús extendió la mano y tocó al hombre".

Lucas 5:13

5. Regalos

"Jesús tomó entonces los panes, dio gracias y distribuyó a los que estaban sentados todo lo que quisieron".

Juan 6:11

El amor no es sólo un sentimiento, también requiere de un acto de voluntad para satisfacer las necesidades del otro. Todos hemos sido llamados para imitar y obedecer a Jesús.

"Y éste es mi mandamiento: que se amen los unos a los otros, como yo los he amado".

Juan 15:12

EJERCICIO 3

Descubriendo los "lenguaje de amor" tuyos y de tu cónyuge

Por favor contesta las preguntas 1 y 2 individualmente, comparte tus respuestas con tu cónyuge antes de completar las preguntas 4 y 5.

1. Escribe un máximo de 12 ocasiones específicas a través de las cuales has reconocido el amor de tu cónyuge por ti. (Puede haber sido en cualquier etapa de su relación, antes o después del matrimonio. Pueden ser situaciones corrientes o poco frecuentes, y se pueden considerar de mayor o menor importancia).

He reconocido tu amor por mí cuando:

Por ejemplo:
Nos sentamos bajo las estrellas a hablar acerca de nuestro futuro.
Me regalaste ese reloj en nuestro aniversario.
Cocinaste una cena especial para mi cumpleaños.
Me dijiste lo orgulloso que te sentías de mi cuando me promovieron.
Cuando estamos esperando que inicie una película, y espontáneamente me abrazas.

- cuando te esperas por cocinas cena
- cuando tomas la iniciativa de lavar la ropa
- el dia que le organizastes el cuarto al nene
- me gusta cuando me abres la puerta del carro
- masajes de espalda
- cuando haces bebidas o comidas saludables
-
-

Pasa a la siguiente página

EJERCICIO 3 (continuación)

2. Teniendo en cuenta tus respuestas a la pregunta 1, coloca en orden de importancia para ti, los cinco lenguajes del amor donde 1 es el más importante y 5 el menos importante. Luego piensa el orden de importancia que crees que tendrán para tu cónyuge.

Para ti (numera del 1 al 5)	Lenguajes del amor	Para tu cónyuge (numera del 1 al 5)
4	Palabras de afirmación	1
3	Recibiendo regalos	5
5	Afecto físico	2
1	Tiempo de calidad	3
2	Actos de servicio	4

3. Ahora, comparen y discutan lo que cada uno escribió en las preguntas 1 y 2.

4. Observando el primer lenguaje del amor para tu cónyuge, es decir el más importante, haz una lista con tres formas en las cuales puedes comunicarle tu amor durante esta semana o este mes. (¡Trata de mantenerte dentro de los límites de la realidad!)

1. Ser más agradecida verbalmente

2. Dar más apoyo con mis palabras

3. Escuchar tus frustaciones del trabajo y darte a entender verbalment que estoy de tu lado.

EJERCICIO 3 (continuación)

5. Observando el segundo lenguaje del amor para tu cónyuge, es decir el segundo más importante, haz una lista con tres formas en las cuales puedes comunicarle tu amor durante esta semana o este mes.

1. hacer un esfuerzo de pasar mas tiempo
2. comunicandonos para sentirme mas cercana
3. a ti fisicamente.

6. ¡Experimenta y observa cuáles son los resultados!

2. planear noches romanticas
3. tener mas contacto fisico.

5 Lenguajes del amor

"El amor no consiste en mirarse mutuamente, sino en observar juntos en la misma dirección".

Antoine de Saint Exupéry

Conclusión

- El matrimonio no es estático, ha sido diseñado para ser una relación dinámica que cambia permanentemente.
- Es un error pensar que en el matrimonio simplemente resolveremos problemas y nada más.
- El matrimonio es un viaje.
- Expresar nuestro compromiso mutuo es esencial para el éxito de este viaje.
- El compromiso es liberador, lo que significa que podemos tener una visión de largo plazo, planear nuestro futuro juntos y mirar más allá de las frustraciones actuales.
- Cuando ambos estamos comprometidos, no hay nada que no podamos superar juntos.
- Creemos que Dios nos ha llamado a cada uno de nosotros, a ser parte de esta relación con nuestro cónyuge, y que Él quiere utilizarla.

Apoyarnos mutuamente

Pregunta a tu cónyuge, cómo cree que puedes apoyarlo respecto al futuro. Si te sientes a gusto, oren mutuamente ya sea en voz alta o en silencio. De otra manera, exprésale tu apoyo en una forma diferente.

Tiempo juntos
Sesión 7 – Tarea

EJERCICIO 1

Poniendo el curso en práctica

1. Cinco cosas que yo quiero recordar y practicar del Curso para Matrimonios:

   1. _____

   2. _____

   3. _____

   4. _____

   5. _____

   Muestra a tu cónyuge lo que escribiste.

2. Ahora pregúntale a tu cónyuge "¿Cuáles son los cinco aspectos que quisieras que yo recordara y practicara del Curso para Matrimonios?". Escríbelos aquí.

   1. _____

   2. _____

   3. _____

   4. _____

   5. _____

Sobrellevando los tiempos de separación

Sesión extra para aquellos en las fuerzas militares y aquellas parejas que pasan tiempo separadas.

Objetivo de la sesión

Ayudar a las parejas a estar mejor preparadas para manejar los tiempos de separación, y así tener un matrimonio que crezca y se fortalezca a través de esta experiencia.

EJERCICIO 1

Los efectos de la separación en tu matrimonio

Dialoguen acerca de cómo la separación involuntaria ha afectado su matrimonio en el pasado, o cómo creen que pueda impactarlos cuando suceda.

Despliegue del ciclo emocional[1]

Etapa 1: Anticipar la pérdida

- Normalmente comienza entre 4 y 6 semanas antes de que el cónyuge se vaya.
- Tiempo donde aumenta la tensión.
- El cónyuge que se queda puede sentirse enfadado, deprimido, resentido, irritable, etc.
- El cónyuge que se va puede sentirse culpable, ansioso y con pánico de todo lo que tiene por hacer.
- Es importante la comunicación durante esta etapa y conocer lo que el cónyuge está pensando y sintiendo.
- Mutuamente decidan cómo se protegerán contra una infidelidad mientras están separados.

1. *"El Despliegue del Ciclo Emocional"* está basado en un estudio conducido por Kathleen Vestal Logan.

Protegiendo su matrimonio

Discutan acerca de cómo protegerán su matrimonio de la tentación mientras que están separados. ¿Cuáles son sus preocupaciones? ¿ Qué necesitan para decidir qué está prohibido para cada uno de ustedes?

Etapa 2: Los momentos inmediatamente anteriores a la partida

- Las características claves son la indiferencia emocional y el alejamiento.
- Algunas personas crean una distancia emocional como una forma de prepararse para el momento de la separación.
- El cónyuge que se va puede experimenta una gran sensación de culpa por irse, así como la preocupación por el despliegue.
- Pasen más tiempo tratando de entenderse y no atacándose
- mutuamente.
- Decidan con antelación, cómo decir un adiós definitivo.

EJERCICIO 3

Evaluando la separación

Escribe lo primero que pensaste o respondiste para completar las frases a continuación. No pienses mucho, debes dar tu respuesta inmediata, no la respuesta que crees que debes dar. Cuando ambos hayan terminado la evaluación por separado, tomen un tiempo para conversar sobre sus respuestas.

1. El sólo hecho de pensar que vamos a estar separados por un período significativo de tiempo, me hace sentir...

_____

_____

_____

Pasa a la siguiente página →

EJERCICIO 3 (continuación)

2. Las cosas que más me preocupan cuando estamos separados son...

_____

_____

3. Yo manejo la separación por...

_____

_____

4. Cuando estamos separados, yo recibo el mayor apoyo emocional de parte de...

_____

_____

5. Los efectos de la separación en nuestro matrimonios pueden disminuir cuando tu...

_____

_____

6. Cuando estamos separados las cosas que más extraño de ti son...

_____

_____

7. Los efectos de la separación no son siempre negativos. Los aspectos positivos que la separación trae a nuestro matrimonio son...

_____

_____

Etapa 3: Efectos inmediatos de la separación

- No importa qué tan bien preparada esté una pareja, ellos probablemente se sentirán conmovidos y poco preparados para la separación.
- Es probable que sea un período muy ocupado para el cónyuge que se va.
- Puede haber muy poco tiempo para pensar en el cónyuge o en sus propias emociones.
- El cónyuge que se queda en casa puede sentir una sensación de alivio cuando el otro parte, así como sentirse paralizado, sin rumbo, irritable o abrumado.
- Las antiguas rutinas se han interrumpido y las nuevas no se han establecido.
- Puede sentirse resentido con el cónyuge que se fue.
- Necesita comenzar a hacer planes, particularmente en lo que se refiere a cómo pasar los fines de semana.

Etapa 4: Estableciendo una nueva rutina

- El cónyuge que se queda "sigue adelante con su vida".
- Los niveles de estrés en casa usualmente disminuyen y el cónyuge que queda se adapta y es cada vez más seguro.
- La separación es más soportable y las emociones disminuyen.
- Aquellos que tengan un cónyuge en una zona de combate deben limitar la cantidad de noticias que escuchan o ven en la televisión.

Etapa 5: Anticipando el regreso a casa

- Es un tiempo de emociones mezcladas, de temor y excitación.
- El cónyuge que regresa puede experimentar ansiedad, preguntándose si realmente se necesita en la casa.
- Muchas esposas anticipan el reencuentro en términos de afecto y consuelo, usualmente quieren retrasar las relaciones sexuales hasta que se reconecten emocionalmente.
- Muchos esposos anticipan la reconexión a través de hacer el amor.
- Se necesita de parte de ambos que haya generosidad, comprensión y un amor sacrificado.
- Prepárate para hablar de tus experiencias mientras estuviste lejos y cómo el estar separados te ha cambiado.
- Decide mostrar empatía y practicar las habilidades de escuchar bien.
- El cónyuge que regresa puede experimentar ansiedad, preguntándose si realmente se necesita en la casa.
- Aquellos que se quedaron en casa, se darán cuenta que no han completado todas las tareas antes de que su cónyuge regrese.

Tiempo de reencuentro

Conversen acerca de lo que más esperan de su reencuentro y lo que consideran es lo más difícil.

Etapa 6: Renegociando roles y responsabilidades

- La pareja está de nuevo reunida.
- Reconoce el tiempo que toma volver a ajustarse a tener al otro cerca de nuevo.
- Es importante mostrar aprecio por la forma como el cónyuge manejó el tiempo de separación.
- Compartan las experiencias y los sentimientos para reconectarse emocionalmente.
- Pasen de ser "yo" a ser "nosotros" otra vez.
- Uno o ambos cónyuges pueden necesitar espacio para realizar sus propias actividades.
- Evita pensar que el otro cónyuge tiene un papel más fácil.
- Renegocien los roles y las responsabilidades.

Notas

Identificando los roles

Lee la lista a continuación de manera individual.

* Escribe en la línea la letra inicial del nombre de la persona que tú sientes es responsable de esta tarea cuando ambos cónyuges están en casa.
* Donde ambos comparten la tarea pero uno de ustedes la realiza con mayor frecuencia, escribe las dos iniciales, pero la del cónyuge más activo va primero.
* Donde ambos son igualmente responsables escribe "I".

Comparen las listas y discutan sobre ellas. Luego revisen la última columna juntos y traten de pensar acerca de las formas en las que pueden disminuir la presión que causan algunos de estos temas.

Por ejemplo:

Devengar dinero	R	Rhett es actualmente el único que recibe un salario en nuestro hogar.
Ir de compras al supermercado	LR	Ambos lo hacemos, pero Liesel lo hace con mayor frecuencia.
Reabastecer el carro de gasolina	I	Ambos tomamos igual la responsabilidad de esta tarea.

Tarea	Persona normalmente responsable de esta tarea	¿Cambia la responsabilidad por esta tarea durante la separación?	¿Cómo te sientes con este cambio? p.ej.: ☺ ó ☹	**Medidas prácticas que pueden tomar para aliviar la presión por el cambio en algunos roles estresantes.** *p. ej.: Establecer que todas las facturas se paguen por débito directo durante la separación.*
Devengar dinero				
Ir de compras al supermercado				
Reabastecer el carro de gasolina				

Pasa a la siguiente página →

Tarea	Persona normalmente responsable de esta tarea	¿Cambia la responsabilidad por esta tarea durante la separación?	¿Cómo te sientes con este cambio? p.ej.: ☺ ó ☹	**Medidas prácticas que pueden tomar para aliviar la presión por el cambio en algunos roles estresantes.** *p. ej.: Establecer que todas las facturas se paguen por débito directo durante la separación.*
Tareas domésticas				
Disciplinar a los hijos				
Reservar las vacaciones				
Contactar a los padres y los suegros				
Mudanzas				
Organizar las actividades de los hijos				
Organizar la casa				
Pago de facturas				
Lavar la ropa				
Planchar la ropa				
Acostar a los niños				
Lavar la loza sucia				
Escoger y comprar muebles				
Cocinar				
Hazlo tú mismo (HTM)				

EJERCICIO 5 (continuación)

Sacar la basura				
Lavar y hacer mantenimiento al carro				
Cortar el césped / jardinería				
Cancelar las tarjetas de crédito				
Leer los mapas				
Manejar				
Escribir tarjetas de agradecimiento				
Pago de tarjetas de crédito				
Lectura de mapas				
Manejo del automóvil				
Escribir cartas de gratitud				
Otras tareas:				

Etapa 7: Estableciendo una vida normal juntos

- Las nuevas rutinas están en su sitio, los roles se han renegociado.
- De vuelta en el mismo camino emocional.
- Cosas buenas pueden venir del tiempo separados, los matrimonios pueden crecer con la experiencia.

Notas

Tiempo juntos
Sesión adicional - Tarea

EJERCICIO 1

Lidiar con los efectos de la separación en tu matrimonio

Cada uno debe completar las primeras tres preguntas por su cuenta y luego compartir sus respuestas.

1. ¿Qué me mantiene en acción (¡o incluso me entusiasma!) cuando pienso en otro período de separación?

_____

_____

_____

Identificar al menos una oportunidad que el tiempo de separación ofrece que probablemente no ocurriría sin la separación.

_____

_____

_____

Pasa a la siguiente página →

EJERCICIO 1 (continuación)

2. ¿Qué se podría implementar para aliviar las preocupaciones identificadas en el Ejercicio 3, pregunta 2: "Las cosas que más me preocupan cuando estamos separados son..."?

Por ejemplo:

Mi preocupación sobre cómo abordar las reparaciones necesarias en la casa o el automóvil podría aliviarse si antes del tiempo de separación hacemos un listado de números telefónicos útiles o instrucciones sencillas a seguir. Mi preocupación con respecto a perderme los cumpleaños de mis hijos u otras ocasiones especiales podría aliviarse si ahorramos dinero para comprar una cámara de vídeo a fin de grabar los eventos.

3. Identificar tres formas en la que más te gustaría que tu cónyuge expresara su amor de una manera romántica mientras estén separados:

Por ejemplo:

- Enviar flores o tarjetas
- Planificar unas vacaciones especiales para disfrutar juntos cuando concluya el tiempo de separación
- Escribir cartas de forma periódica

   1. _____

   2. _____

   3. _____

4. Por último, si aún no lo han hecho, preparen o actualicen su testamento. Un testamento es la mejor forma de proteger a quienes aman frente a la probabilidad de la muerte. Hacer un testamento no tiene por qué implicar un gasto financiero, aunque hay ciertos criterios que deben reunir para asegurarse de que su documento tenga valor legal. Por lo general, en sitios de Internet especializados hallarán más información al respecto.

Curso para
Matrimonios

Si tienes interés en saber más acerca del Curso para matrimonios o el Curso de preparación para el matrimonio, diseñado para parejas comprometidas, dónde se realiza o cómo iniciar un curso, por favor contacta:

La oficina de Alpha International
Alpha International
Holy Trinity Brompton
Brompton Road
Londres SW7 1JA
Reino Unido
e-mail: info@alpha.org
alpha.org

En las Américas
Alpha América Latina y el Caribe
e-mail: latinoamerica@alpha.org
e-mail: recursos@alpha.org
alpha.org/latinoamerica

Alpha Argentina
e-mail: info@alphaargentina.org
alpha.org/argentina

Alpha Colombia
e-mail: latinoamerica@alpha.org
alpha.org/latinoamerica

Alpha Costa Rica
e-mail: wendy@alphacr.org
e-mail: otto@alphacr.org
alpha.org/costarica

Alpha México
e-mail: oficinaalphamexico@gmail.com
e-mail: carlos.glz@fundacionalpha.org.mx
alpha.org/latinoamerica

Alpha EE.UU.
e-mail: latinos@alphausa.org
alphausa.org/latinos

En Canadá
Alpha Canadá
e-mail: office@alphacanada.org
alphacanada.org

En España y Europa
Alpha España
e-mail: info@cursoalpha.es
alpha.org/espana

Alpha

CPSIA information can be obtained at www.ICGtesting.com
Printed in the USA
BVOW06s1546230916

462995BV00004B/12/P